PRÉFECTURE DE LA SEINE

PARIS

IMPRIMERIE DE LA VILLE DE PARIS

QUAI MALAQUAIS, No 15

NOTICE HISTORIQUE

SUR

LE PONT NOTRE-DAME

4° Z. le livre
69

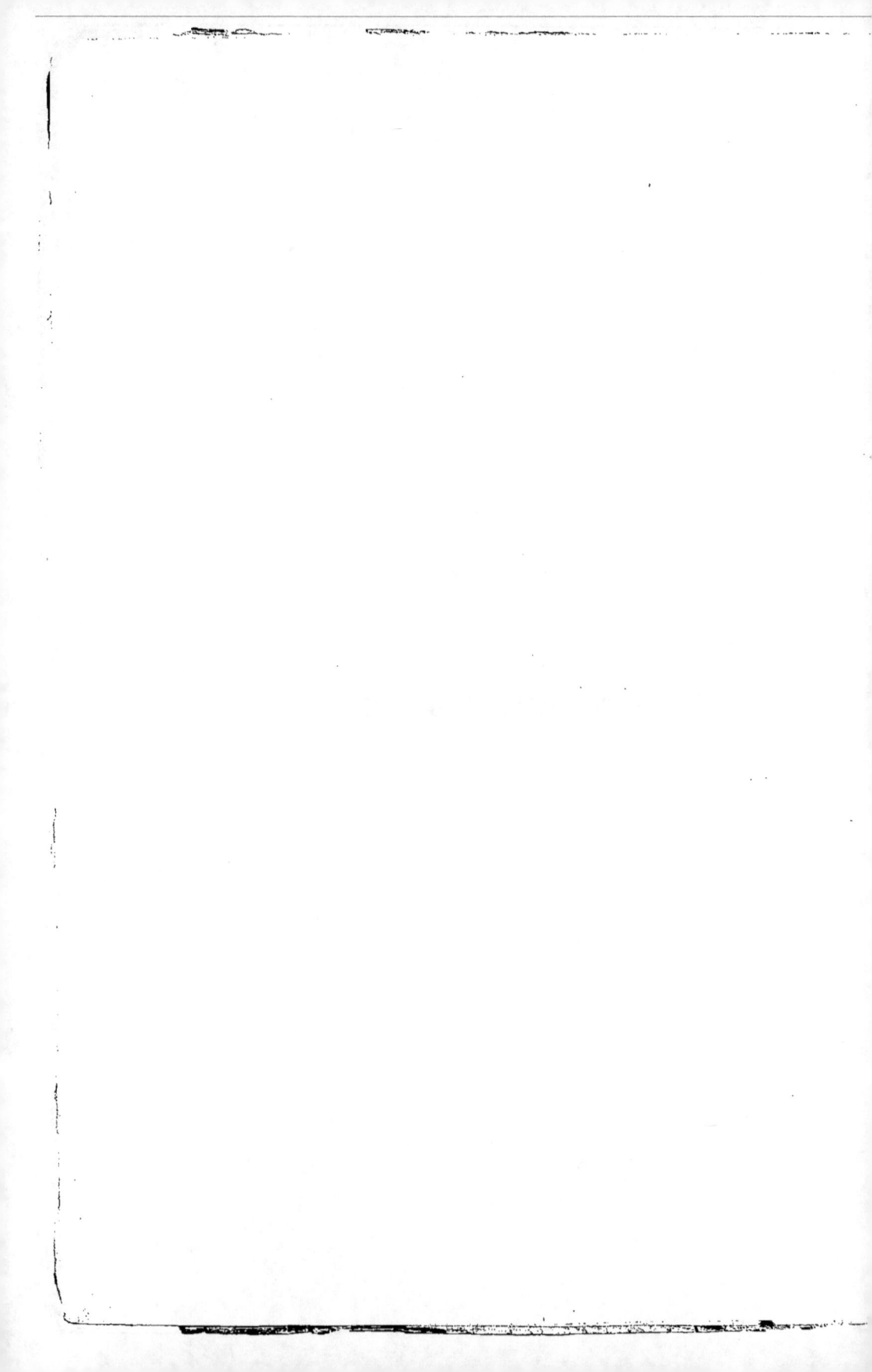

AVANT - PROPOS

Les grandes opérations de voirie exécutées, il y a une tren-
taine d'années, aux environs de l'Hôtel de Ville, ayant fait
pressentir la nécessité de baisser considérablement le pont
Notre-Dame, quelques archéologues regrettaient que l'on modi-
fiât ainsi le système de construction d'un édifice cité comme un
modèle du bon goût par lequel se distinguaient les ouvrages de
la Renaissance et qui occupait une place si importante dans
les fastes de l'édilité parisienne. Comme, à cette époque, nous
dirigions le bureau où se traitaient, à la Préfecture de la Seine,
les affaires des Ponts et Chaussées, l'administration, avant de
prendre un parti, nous chargea de recueillir des renseigne-
ments sur les origines de ce pont et sur les principaux faits
qui se rattachent à son histoire. Le travail auquel nous nous
sommes aussitôt livré a été l'objet d'un long mémoire qui a
probablement péri, en 1871, dans l'incendie des bâtiments où
étaient déposées les archives municipales. En mettant, ces
jours passés, divers papiers en ordre, nous en avons retrouvé la
minute. La pensée nous est alors venue de le publier, après
y avoir fait quelques additions. Nous avions craint d'abord qu'on
nous reprochât de ne faire que répéter ce que d'autres auteurs
ont déjà dit, notamment dans ces derniers temps; mais, nous
étant assuré qu'ils ont passé sous silence plusieurs particula-
rités intéressantes et que d'ailleurs tous, sans exception, ont
commis des erreurs qu'il était désirable de faire apercevoir,
nous n'avons plus hésité à donner suite à notre projet.

Cette notice est divisée en huit parties.

Dans la première, nous combattons une opinion récente et d'où résulterait que c'est devant la rue Saint-Martin, et, par conséquent, sur l'emplacement actuel du pont Notre-Dame, qu'était le grand pont gallo-romain que, jusqu'à présent, la tradition a placé dans le prolongement de la rue Saint-Denis.

Nous racontons, dans la deuxième, l'origine du premier pont érigé en bois, sur l'emplacement dont il s'agit, et la catastrophe qui lui est arrivée.

La troisième est entièrement consacrée à la construction du pont de pierre qui lui a succédé. Nous mentionnons les principales décisions prises à son sujet.

Nous examinons, dans la quatrième, quelle est la véritable part que l'architecte Jean Joconde a eue dans l'édification de ce dernier pont.

Nous nous occupons, dans la cinquième, des maisons dont il était couvert, et des sujétions auxquelles les locataires étaient soumis.

La sixième traite des ressources appliquées au payement de la dépense et fait connaitre le montant présumé de cette dépense.

Nous rappelons, dans la septième, le rôle tout particulier que le pont a joué autrefois, lors des cérémonies publiques qui ont eu lieu à Paris.

Enfin, nous parlons, dans la huitième et dernière, des pompes qui y étaient adossées et de la transformation qu'on lui a fait récemment subir.

LE PONT NOTRE-DAME

§ Ier

Avant de parler du premier pont construit là où se trouve maintenant le pont Notre-Dame, nous examinerons quelques assertions modernes tendant à établir : 1° que l'un des deux ponts gallo-romains, celui qui franchissait le grand bras de la Seine et que, pour ce motif, on appelait le grand pont, était situé dans le prolongement de la rue Saint-Martin, et non de la rue Saint-Denis, ainsi qu'on l'a cru jusqu'à présent; 2° que c'est ce même pont dont il est question dans la vie de saint Lubin, et qu'un incendie manqua détruire, avec ses maisons, vers l'année 547; 3° enfin, que, d'après le témoignage d'auteurs contemporains, ce pont existait encore, dans le même endroit, sous le règne de Charles V.

La première assertion serait fondée sur ce que des vestiges, découverts depuis peu, ont fait reconnaître que le pont construit en 860, par Charles le Chauve, pour défendre aux Normands l'entrée de la capitale, se trouvait dans la direction de la rue Saint-Denis. Comme il avait pour but de protéger le pont gallo-romain, on en a conclu que ce dernier devait être moins avancé. Dès lors, il a paru d'autant plus rationnel de le supposer placé en face du petit pont que, dans cette hypothèse, les anciennes routes venant du nord pouvaient se joindre à celles venant du midi par une ligne droite, au lieu de suivre la ligne brisée que leur faisait décrire l'opinion contraire.

Dulaure a donné une raison de cette brisure. Il a prétendu que le premier pont jeté sur le bras méridional de la Seine était originairement là où nous voyons le pont Saint-Michel et, par conséquent, vis-à-vis du grand pont, mais que la route qui y aboutissait ayant été détournée, lorsqu'on a construit le palais des Thermes et ses dépendances, on l'a reporté au point qu'occupe actuellement le petit pont. Ce déplacement explique, suivant lui, la disposition anormale dont on se rend difficilement compte aujourd'hui.

Si nous avions à choisir, cette version nous satisferait mieux que la première. En effet, tandis que l'une des quatre principales portes par lesquelles on arrivait autrefois à Paris se trouvait rue Saint-Denis, il n'y en avait, rue Saint-Martin, qu'une petite, appelée l'archet Saint-Merry; de plus, une des deux voies qui menaient de cette petite porte à la rivière n'était qu'une simple ruelle portant le nom de la Planche-Mibray, ruelle sans doute bien étroite, puisque les rues elles-mêmes n'avaient alors que très peu de largeur. Cet ensemble, on en conviendra, ne cadrait guère avec l'entrée d'une grande ville. En outre, on avait jugé utile d'élever une espèce de forteresse à la tête du pont qui faisait suite à la rue Saint-Jacques, d'où vient qu'on n'avait rien mis de semblable à la tête du pont en prolongement de la rue Saint-Martin ?

Une preuve que cette dernière rue n'a jamais eu qu'une importance secondaire, c'est qu'elle n'était même pas encore pavée, au delà de l'enceinte de Charles V, au commencement du XVIᵉ siècle, ainsi que l'apprend un marché passé avec la Ville, le 14 août 1512, pour une fourniture de pavés de grès.

Mais pourquoi vouloir que les anciennes voies par lesquelles on arrivait à Paris, tant du côté du midi que du côté du nord, correspondissent directement entre elles? Lutèce, même du temps de la domination romaine, était déjà un poste considérable; Jules-César y avait établi le Conseil souverain des Gaules, et, plus tard, Julien y résida, en qualité de proconsul, avant d'être élevé à l'Empire. C'était donc, non pas une simple bourgade que pouvaient traverser quelques routes, mais bien un grand centre de population autour duquel il en rayonnait plusieurs.

D'ailleurs, la présence du grand pont gallo-romain, vers la rue Saint-Denis, n'empêchait nullement d'en établir un second, un peu plus à l'aval, n'ayant pas de maisons et faisant moins le service d'un pont ordinaire que d'une estacade destinée à arrêter les barques des Normands, tel que celui de Charles le Chauve.

Enfin, il résulte d'un plan joint à un mémoire de l'ingénieur Jollois, inséré, en 1843, parmi ceux de l'Académie des Inscriptions et Belles-Lettres, que la voie romaine de Senlis à Paris empruntait, il est vrai, la rue Saint-Martin, mais qu'arrivée à Saint-Merry elle tournait à droite, dans la direction de la rue des Lombards, et se réunissait, rue Saint-Denis, à l'autre voie romaine qui, venant de Beauvais, pénétrait dans Paris par le grand pont gallo-romain. Dès lors, il n'y avait pas lieu de lui procurer une issue particulière, dans la Cité, du côté de la rue Saint-Martin.

Laissons donc cet ancien grand pont là où la tradition l'a toujours maintenu, c'est-à-dire à peu près devant la rue Saint-Denis, et ne le transportons pas à la place qu'occupe aujourd'hui le pont Notre-Dame.

En ce qui concerne la seconde assertion, l'auteur de la vie de saint Lubin, évêque de Chartres, raconte que, vers l'année 547, ce prélat se trouvant à Paris, où Childebert l'avait appelé, un incendie qui s'était déclaré, la nuit, du côté de la basilique Saint-Laurent, gagna bientôt les maisons construites sur le pont, *domos pendulas quæ per pontem constructæ erant*, et fit craindre un embrasement général. Le Roi, que les clameurs du peuple avaient éveillé, envoya promptement demander du secours à saint Lubin. Celui-ci, pensant qu'il fallait en attendre plutôt de Dieu que des hommes, se mit en prière et le feu s'éteignit de lui-même.

Nous ne dirons rien du miracle ; mais ce passage nous apprend qu'au milieu du vi^e siècle il existait un pont dans le voisinage d'une église appelée Saint-Laurent. Tout en reconnaissant que bien certainement cette église était près de la rivière, ce que confirme d'ailleurs un autre passage de Grégoire de Tours, relatif à une inondation arrivée vers l'an 583, en reconnaissant également qu'elle était située au midi de Paris et non loin du palais des Thermes, où nos souverains avaient alors leurs demeures, des auteurs très versés en pareille matière n'ont pu en découvrir la trace. Comme, en ce temps-là, on donnait le nom de basilique à tout édifice religieux de fondation royale, ce n'était peut-être qu'un simple oratoire dépendant dudit palais et où, pendant qu'on bâtissait Saint-Germain-des-Prés, le Roi, suivant Fortunat, pouvait aller faire sa prière en traversant seulement ses jardins :

Hinc iter ejus erat, cùm limina sacra petebat.

Quant au pont, ce ne pouvait pas être celui de Notre-Dame, puisque cette même église Saint-Laurent en était proche. On a publié, dans le 22e volume des *Historiens des Gaules et de la*

France, un compte de dépenses de l'année 1285, contenant les articles suivants :

Pro operibus magni pontis parisius, XX l. IX s. VI d.
Pro operibus parvi pontis, XVI l. XIX s. I d.
Pro operibus pontis propè Sanctum Laurentium, II c. VIII l. VIII s. VI d.

Où se trouvait donc ce troisième pont, qui, malgré ce qu'ont avancé plusieurs auteurs, était autre, on le voit, que le grand pont et le petit pont?

On sait que celui de Charles le Chauve avait été construit sur le bras septentrional de la Seine, vers l'emplacement qu'occupe aujourd'hui le pont au Change, et qu'une tour ou château de bois en défendait l'entrée. Si ce prince n'en mit pas un second, sur l'autre bras, que cependant il était indispensable de barrer en avant du petit pont, sans quoi les Normands auraient eu par là un facile accès dans la ville, c'est qu'il y en avait déjà un, celui qui, comme l'a dit le moine Abbon, dans son poème sur *le Siège de Paris* par ces mêmes Normands, aboutissait à la terre de Saint-Germain-des-Prés et dont une tour protégeait également l'entrée. La présence d'un ancien pont, en cet endroit, s'explique naturellement par cette circonstance que c'était le point d'arrivée de la voie romaine qui, venant du côté de Sèvres, empruntait les rues du Four, de Bucy et Saint-André-des-Arts. Suivant nous, ce pont était celui que nous cherchons. Il était placé, à peu près, dans la direction de celui de Charles le Chauve et, par conséquent, là où on a élevé plus tard le pont Saint-Michel. C'est lui qu'emporta, en partie, une crue subite du fleuve, le 6 février 886, et où douze jeunes guerriers, envoyés pour en défendre la tour, firent les prodiges de valeur qu'a célébrés le même religieux. Cette opinion ne nous est pas exclusivement personnelle, elle est aussi celle de l'auteur d'un article qui a paru dans le *Magasin pittoresque*, au mois de février 1882.

L'existence simultanée de deux anciens ponts sur le bras méridional de la Seine a été adoptée par plusieurs historiens, et Jaillot, l'un d'eux, nous paraît l'avoir très bien démontrée par les documents qu'il a produits.

Concluons de tout ce qui précède que le pont mentionné dans la vie de saint Lubin était sur la rive gauche de cette rivière, vers l'emplacement du pont Saint-Michel, qu'il s'y trouvait encore à la fin du XIIIe siècle et que probablement il était tombé de vétusté, depuis quelque temps, lorsqu'en 1378 on construisit ce dernier pont. Il n'était donc pas là où nous voyons le pont Notre-Dame.

Passons à la troisième assertion.

Raoul de Presles, que Charles V avait chargé de traduire l'ouvrage de saint Augustin, appelé *la Cité de Dieu*, voulant faire montre d'une érudition, selon nous bien déplacée, mit en tête de l'un des chapitres un traité comprenant l'origine des Français, leur établissement dans les Gaules, la fondation de Paris, sa clôture, etc. Là, après avoir parlé de l'archet Saint-Merry, il ajoute : « Ceste porte aloit tout droit, sans tourner, à la rivière, ou lieu que l'en dist les planches de Mibray, et là avoit un pont de fust et s'adrescoit droit à Saint-Denys-de-la-Chartre, et, de là tout droit, parmi la Cité, s'adrescoit à l'autre pont, que l'en dist petit pont; et estoit ce lieu dist, à proprement parler, les planches de mi-bras, car c'estoit la moitié du bras de Sainne. »

Un autre auteur, René Macé, racontant dans un poème intitulé *le bon Prince* l'entrée que fit à Paris, en 1378, l'empereur d'Occident, Charles IV, a dit :

> L'Empereur vint par la coustellerie,
> Jusqu'au carfour nommé la Vannerie,

Où fut jadis la planche de Mibray.
Tel nom portoit pour la vague et le bray
Getté en Seyne, en une creuse tranche,
Entre le pont que l'on passoit à planche,
Et on l'ostoit pour estre en seureté.

On a conclu, de ces deux passages, qu'il y avait eu, sur l'emplacement actuel du pont Notre-Dame, un pont de bois longtemps avant celui qui fut établi sous le règne de Charles VI. Nous ne partageons pas cette opinion. Si ce dont parle Raoul de Presles eût été un pont, on devrait trouver la trace de son existence dans quelque document. Le nom de Mibray figure bien sur plusieurs actes, mais c'est toujours sans que celui de pont y soit accolé. Ainsi, en 1033, Henri Ier donne à Saint-Magloire quatre moulins, *duos in majori ponte, unum in minori, unum in Malbraio.* L'Évêque de Paris concède, en 1133, à Saint-Martin-des-Champs l'église Saint-Denis-de-la-Chartre, avec toutes ses dépendances, *scilicet... Molendino uno in Mibray.* En 1137, Louis le Jeune confirme la donation de quelques moulins faite à la même abbaye : *Ad magnum pontem molendinum unum,..... alterum in Mibray.* Dans un accord de l'an 1273, Philippe le Hardi reconnait que les chanoines de Saint-Merry ont en propriété : *Furnum qui est versus Mibray..... terram quæ est in vannaria, vel ad planchias de Mibray.* Enfin, un titre du Voyer de Paris, daté de la même époque, porte : *Il appartient aud. Voyer la justice des molins de Mibray et de cinq molins qui sont à petit pont. Et est la justice telle que ceuls qui sont couchans ou levans au* PORT *de Mibray et ez cinq molins dessus dits, il en a la connaissance jusqu'au deffaire.*

On pourra objecter que la circonstance que nous signalons tient à ce que le pont de Mibray, étant de bois, avait probablement été détruit dans une des grandes inondations qui autrefois ont désolé Paris. Cependant, aucun de nos vieux chroniqueurs n'a fait mention de sa chute. Ils nous apprennent bien qu'en 1206 la Seine rompit trois arches du petit pont, qu'elle emporta, en 1280, deux arches du grand pont et une autre du petit pont, qu'en 1296 le petit pont tomba le jour de Saint-Thomas et le grand pont la veille de Noël; qu'enfin, le 6 janvier 1325, deux arches du grand pont et toutes celles du petit pont s'écroulèrent, mais, on le voit, ils ne parlent jamais d'un troisième pont qui aurait été appelé de Mibray.

Si nous lisons, dans un journal d'un bourgeois de Paris, tenu sous Charles VI, que *le dernier du dit may* (1413) *le pont de la planche de Mibray fut nommé par le Roy le pont Notre-Dame,* il est évident, ce qui a échappé à Jaillot, qu'il s'agit là, non d'un ancien pont, mais bien de celui qu'on inaugura, le jour même, et dont nous nous occupons plus loin.

Qu'entendait donc Raoul de Presles par un pont de fust existant à Mibray ? Nous allons tâcher de l'expliquer.

D'après le rôle de la taille levée en 1292 et celui d'une autre taille levée en 1313, il y avait alors à Paris deux ruelles du nom des Planches de Mibray, l'une sur la paroisse de Saint-Gervais, l'autre sur la paroisse de Saint-Denis-de-la-Chartre.

Un nommé Gallois, propriétaire de deux moulins situés du côté de cette seconde église, avait, pour y accéder par la ruelle des planches *dou petit Mibray* (nous soulignons à dessein ces trois derniers mots), établi un pont reposant sur des pieux. Il en jouissait paisiblement depuis cinq ans, lorsque des pelletiers le firent enlever sous le prétexte qu'il leur causait un certain dommage. Gallois s'étant plaint de ce procédé, le Prévôt de Paris condamna les pelletiers à rétablir les choses dans leur premier état. Ceux-ci formèrent appel au Parlement et ayant donné la preuve que le pont nuisait non seulement à leur industrie, mais encore aux voisins et à la Ville, la sentence du

Prévôt fut cassée par un arrêt du 30 janvier 1319, et le meunier dut disposer son pont autrement qu'il l'avait d'abord fait.

Macé fait venir le nom des planches de Mibray de ce que la berge de la Seine étant couverte de fange et de boue, on se servait de planches pour la traverser. De Presles semble dire que, tout en étant dans une direction rectiligne, son pont n'occupait que la moitié du bras de la rivière et que, dès lors, le nom de planches de mi-bras était plus correct que celui de planches de Mibray.

Quoi qu'il en soit, tout ce qui précède nous fait conjecturer qu'un endroit situé à l'amont du grand pont avait paru commode pour l'établissement simultané de plusieurs moulins, que ces moulins étaient rangés sur une même ligne et formaient deux groupes, l'un plus petit que l'autre, occupant chacun la moitié environ du bras de la Seine, et ne laissant entre eux que l'espace nécessaire au passage des bateaux; qu'on allait de l'un à l'autre moulin de chaque groupe à l'aide de planches ou plats-bords; qu'une passerelle, soutenue par des pieux, desservait celui qui était le plus près du rivage, et que, pour arriver à cette passerelle, on employait d'autres planches que les garçons meuniers retiraient, le soir, *pour estre en seureté*.

Cette hypothèse est, suivant nous, la seule admissible; mais l'ensemble de tout ce que nous venons de décrire ne constituait nullement un pont public, joignant une rive à l'autre, sans solution de continuité.

Il paraît inutile de nous étendre plus longuement à ce sujet, nous arrivons donc immédiatement à la construction du véritable premier pont qui ait régné dans l'emplacement dont il s'agit.

§ II

Les quartiers situés au nord-est de Paris devenant, sous Charles VI, chaque jour plus peuplés, on reconnut la nécessité de les mettre en communication avec le centre de la ville par un chemin plus court et plus direct que celui qu'offrait le pont au Change. C'est alors que les officiers municipaux résolurent d'en établir un second dans le prolongement de la rue Saint-Martin et de le construire en bois. Dès qu'ils eurent connaissance de ce projet, les religieux de Saint-Magloire s'opposèrent à son exécution. Lors de la fondation de leur monastère, ils avaient été redevables de plusieurs dons à la munificence de nos rois, notamment du droit exclusif de la pêche, depuis la tête de l'île Notre-Dame jusqu'au grand pont. En confirmant ce privilège, par une charte de l'an 1159, Louis le Jeune, afin de mieux en assurer l'exercice, ajouta qu'il ne serait procédé à aucune entreprise, dans cette partie du fleuve, sans leur consentement : *Ut nullus inibi, sine gratiâ et nutu Ecclesiæ et Abbatis Beati Maglorii, piscari sive aliquid construere possit.* C'est sur les derniers termes de cet acte souverain qu'ils établissaient leurs prétentions. La ville aurait pu leur contester les conséquences qu'ils en déduisaient, mais elle aima mieux transiger. Par un accord intervenu le 23 décembre 1412, les religieux lui abandonnèrent, à titre d'acensement, une largeur de douze toises à prendre sur le lit de la rivière, moyennant une redevance annuelle de 20 sols parisis, se réservant la justice haute, moyenne et basse, tant dessus que dessous le pont. Les travaux préliminaires commencèrent aussitôt, et la cérémonie de la pose du premier pieu eut lieu l'année suivante. Nous donnons la traduction du passage dans lequel les chroniques de Saint-Denis ont rendu compte de ce fait :

« Le 30 mai, le Roi, sur les instances du Prévôt des Marchands, des Échevins et des principaux Bourgeois, consentit à inaugurer la construction du pont de bois qu'on se proposait de faire à Paris, et à en jeter les premiers fondements. Il alla poser, de sa main royale, le premier pieu. Nosseigneurs les ducs de Guienne, de Berry et de Bourgogne prirent aussi part à cette cérémonie. Comme ce pont était destiné à conduire de l'église Notre-Dame à l'autre rive de la Seine, le Roi décida qu'il serait appelé le pont Notre-Dame. Sachant que cet ouvrage occasionnerait des dépenses considérables et très onéreuses aux habitants, parce que la rivière était très profonde en cet endroit et que les égouts y amenaient une grande masse d'eau, il leur accorda, pour un temps, la perception du tiers des subsides de la Ville qui excédait annuellement la somme de 35,000 francs d'or. »

Celle-ci obtint de Charles VI une autre faveur, la concession d'une grande quantité de bois à prendre dans les forêts royales. Comme elle craignait que les gens du fisc n'invoquassent ces donations pour la troubler, plus tard, dans la jouissance du pont et des maisons qu'elle se proposait d'y élever, elle pria ce prince de lui en assurer la paisible possession ; ce qu'il fit, par des lettres datées du mois de juillet 1414, à la condition qu'elle tiendrait constamment les ouvrages en bon état, qu'il n'y demeurerait ni orfèvres ni changeurs (probablement afin de ne pas nuire à ceux du grand pont spécialement affecté à ce genre de commerce), que toute la justice en appartiendrait au Roi, et qu'il serait payé tous les ans, à son domaine, un denier parisis de cens, entre deux palées.

Les dernières dispositions ne faisaient pas l'affaire des religieux de Saint-Magloire, qui se considéraient seuls comme seigneurs justiciers et censiers de l'emplacement qu'allait occuper le nouveau pont. Ils formèrent donc opposition à l'enregistrement de ces lettres; mais ils en furent déboutés par la Chambre des Comptes, sur l'observation que fit le Procureur du Roi qu'en leur octroyant le droit de pêche le Souverain n'avait pas entendu leur en aliéner un autre.

Les travaux marchèrent assez rapidement; on lit, en effet, dans le journal d'un bourgeois de Paris, qu'au mois de mai 1416, pendant que l'on démolissait la grande boucherie, les bouchers allèrent s'installer provisoirement sur le pont Notre-Dame.

Le maître des œuvres de la charpenterie ayant déclaré qu'il contenait 17 palées, l'agent du domaine crut devoir inscrire, sur son sommier, qu'il aurait annuellement à recevoir, de ce chef, autant de deniers parisis, tandis que, d'après une saine interprétation des lettres patentes, la redevance n'était due que pour chaque travée.

On continuait à la payer, même après que des constructions en pierre eussent remplacé les constructions en bois. Voici ce que contient, à ce sujet, un inventaire des biens patrimoniaux de la Ville, de l'année 1550 : *Les pilliers et arches du pont Notre-Dame et les 68 maisons bâties sur iceluy appartiennent à lad. Ville, à raison de quoy et d'autant qu'au dict pont y avoit antiennement 17 paslées, est encore à présent deu au Roy, en la recepte de son domaine, 17 deniers parisis par an.*

Robert Gaguin, auteur contemporain, nous apprend, dans son *Compendium de gestis Francorum*, que ce pont avait 70 pas et 4 pieds de long, sur 18 pas de large ; le pas étant de 5 pieds, ces mesures correspondraient à 59 toises pour la longueur et à 15 toises pour la largeur, en sorte que la concession faite par

les religieux de Saint-Magloire aurait été insuffisante. Il ajoute
que chaque palée était composée de trente solives ayant 42 pieds
de longueur, sur un peu plus d'un pied d'équarrissage, que le
pont soutenait 60 maisons (1) érigées en très bel ordre, et toutes de même forme et de même hauteur, qu'en y passant on se
croyait sur la terre ferme et au milieu d'une foire, tant les boutiques étaient pleines de toutes espèces de marchandises, et
qu'enfin on pouvait dire, sans exagération, qu'il était un des
plus beaux ouvrages qu'il y eût en France.

Nous avons trouvé, dans un ancien terrier, que, pour en
faciliter les abords, on avait élargi la ruelle dite de la Planche-
Mibray, du côté de la Grève, et fait tomber quelques constructions accensées par le Domaine.

Il paraît que, dans un besoin d'argent, les édiles avaient
hypothéqué une partie des maisons de leur pont. C'est du moins
ce qui semble résulter d'une charte, du 26 décembre 1431,
rendue pendant la domination anglaise, et par laquelle,
à l'occasion de son joyeux avènement, le jeune roi Henri VI
leur fit don, jusqu'à concurrence de 600 livres parisis, chaque
année, des rentes qu'avaient acquises les *rebelles* (ainsi appe-
lait-il ceux qui étaient restés fidèles à Charles VI) tant sur les
maisons du pont Notre-Dame que sur les revenus de la Ville,
rentes qu'il avait confisquées sur ces derniers, à cause de leur
prétendue désobéissance.

Vers la fin du xve siècle, ces mêmes maisons étaient louées
douze livres par an. Si l'occupant faisait usage, pour l'exercice
de sa profession, d'engins susceptibles de détériorer les lieux,
tels que les foulois dont se servaient les chapeliers, il payait

(1) En 1499, les registres de l'Hôtel de Ville disent 65; mais il est probable que
ce nombre comprenait quelques maisons voisines qui venaient de s'écrouler
en même temps que celles du pont.

une plus-value d'un quart. On en voit la preuve dans la requête de l'un de ces industriels ainsi conçue :

« A MM. les Prévost des Marchands et Eschevins de ceste ville de Paris.

« Supplie humblement Jaques d'Authun, chapelier, demourant en la XXXe maison de dessus le pont Notre-Dame, du costé d'amont l'eau, comme pour la grande charge et travail que font les chapeliers, sur led. pont, toutes les maisons que tiennent iceulx chapeliers ont été enchéries de trois livres plus que aux autres, et de fait, ce que les gens d'autre estat et mestier ne tiennent que à douze livres, lesd. chapeliers le tiennent à quinze livres. Or est-il que led. suppliant ne a plus intencion de ouvrer dud. mestier de chapelier, mais seulement se veut entremettre de vendre bonnets..... »

Il demandait, en conséquence, la réduction du prix de son bail, ce qui lui fut accordé par décision du 21 juillet 1478.

Ces locations, à raison de douze livres chacune, rapportaient 720 livres. Mais, attendu que plusieurs industriels donnaient quinze livres, au lieu de douze, le revenu total ne devait pas aller loin de 800 livres. C'est effectivement, suivant Robert Gaguin, ce que la Ville retirait des immeubles dont il s'agit, et non pas 80 livres seulement, comme on l'a imprimé par erreur dans Dulaure.

Parmi les locataires, il y avait quelques marchands qui avaient obtenu que leur bail durât autant que leur vie, afin d'être prémunis contre une éviction, lorsque leurs boutiques seraient devenues très achalandées.

Des constructions pareilles à celles du pont Notre-Dame, étant exposées à de fréquentes avaries, exigeaient des soins assidus. On voit que, dès l'année 1440, il avait besoin de fortes réparations. Pour y procéder, les Prévôt des Marchands et

Échevins se firent autoriser, par le Parlement, le 13 février, à y consacrer une somme de 600 livres à prendre sur les propriétaires des moulins établis au-dessous, l'état de choses étant attribué à la présence de ces moulins.

Mais ensuite, malgré tous les dangers que le pont courût, lorsque la rivière était haute ou charriait des glaçons, notamment dans les hivers des années 1480 et 1497, ils n'apportèrent pas à son entretien l'attention qu'ils auraient dû lui donner. Bien que le maître des œuvres de la charpenterie leur eût signalé l'urgence de remplacer un grand nombre de poutres vermoulues, ils se contentèrent de quelques légères réparations, remettant, de jour en jour, à faire le surplus, en sorte qu'il finit par tomber avec toutes ses maisons.

C'est encore à Robert Gaguin que nous devons le récit de cette catastrophe, récit qu'il a fait suivre d'une élégie, le tout en latin. Voici le résumé de ce qu'il rapporte :

« Le 25 octobre 1499, un maître charpentier vint de très bonne heure prévenir le Lieutenant criminel que le pont Notre-Dame, qu'il appelait le pont Neuf, s'écroulerait infailliblement avant midi. Celui-ci transmit bien vite cette fâcheuse nouvelle au Parlement, et, après avoir reçu les instructions de la Cour, se hâta de poser des gardes pour interdire le passage du pont au public, en même temps qu'il ordonnait aux locataires d'en déguerpir sur-le-champ, ce qu'ils s'empressèrent de faire, en emportant avec eux ce qu'ils avaient de plus précieux. Le progrès des dégradations fut si rapide que, à peine était-il neuf heures, un craquement épouvantable se fit entendre et que tous les ouvrages furent précipités au milieu des flots, entraînant plusieurs personnes dans leur chute. L'amoncellement des décombres fit refluer si subitement les eaux qu'elles submergèrent deux jeunes filles occupées à laver du linge, un peu plus haut. L'une fut assez heureuse pour gagner le rivage, mais l'autre se noya. Un berceau, où reposait un tout petit enfant, allait à la dérive, lorsqu'il fut recueilli par des bateliers. Un individu, qui n'avait eu que le temps de sauter par une fenêtre, put se sauver à la nage. Enfin, un portefaix, qui déménageait un faisceau de flèches et de dards, tomba dans la rivière, ayant son fardeau sur les épaules, et en fut quitte pour quelques écorchures. »

Comme, l'année précédente, un artilleur avait poignardé sa mère sur ce pont, quelques gens superstitieux, dit Sauval, attribuaient à cet horrible crime le sinistre qui venait d'arriver.

Mais le gros du peuple, convaincu qu'il était dû surtout à l'incurie de ses magistrats, proférait contre eux de violentes menaces et voulait leur faire un mauvais parti. Pour les soustraire à sa fureur, la Cour jugea prudent de les faire emprisonner. En conséquence, on conduisit à la Conciergerie Jaques Piedefer, Prévôt des Marchands, ainsi que les quatre Échevins en exercice: Anthoine Malingre, Loys de Harlay, Bertrand Ripault et Pierre Turquain. Cinq commissaires, à la tête desquels était Nicollas Potier, général des monnaies, furent chargés, un peu à leur corps défendant, de les remplacer provisoirement.

On emprisonna également Estienne Boucher et Simon Aymet, précédents Échevins; on arrêta aussi Jaques Rebours, Procureur de la ville, et Denis Hesselin, qui cumulait la place de greffier avec celle de receveur.

Après une instruction qui dura deux mois et demi, le Parlement ayant acquis la preuve que, indépendamment de leur négligence, la plupart de ces officiers avaient à se reprocher des malversations commises pendant leur administration, rendit, le 9 janvier 1499 (1), un arrêt qui infligea une amende de 1,000 livres parisis à Piedefer et de 400 livres à chacun des Échevins Malingre, de Harlay, Boucher et Aymet. Tous les cinq furent, en outre, condamnés solidairement au payement des indemnités réclamées par les locataires, au nombre de 65, des maisons écroulées. Enfin, l'arrêt les obligeait, conjointement avec les deux autres Échevins Ripault et Turquain, à restituer les sommes qu'ils s'étaient indûment appropriées en vendant des offices ou autrement, et les déclarait, tant pour le présent que pour l'avenir, inhabiles à exercer aucune fonction municipale.

Le produit des amendes devait être appliqué à la reconstruction du pont, après le prélèvement d'une somme de 100 livres destinée à un service solennel et autres œuvres pies, pour le salut des âmes des trépassés.

Le Procureur de la Ville était renvoyé absous, mais le Receveur restait en prison jusqu'à ce qu'il eût acquitté certaine dette dont il s'était reconnu reliquataire dans la production de ses comptes.

Gilles Corrozet, qui, de temps en temps, aimait à intercaler dans sa prose quelques vers de sa façon, a rappelé, par le quatrain suivant, un événement qui tient une grande place dans les annales de Paris :

> Mil quatre cens quatre vingtz dix et neuf,
> Cheut à Paris le pont Nostre-Dame,
> Dont Eschevins receurent grant diffame.
> Depuis on l'a restauré tout de neuf.

Les habitants, prévenus sans doute dès l'aurore du danger qu'ils couraient, n'avaient pas attendu, pour déloger, d'y être incités par le Lieutenant criminel ; il paraît, en effet, d'après

(1) L'année 1499 avait commencé le 31 mars précédent

les registres de l'Hôtel de Ville, qu'il n'en périt que quatre ou cinq. Mais ils perdirent une grande partie de leurs meubles et de leurs marchandises, n'ayant pas eu le temps de tout emporter.

Quelques jours après, le Parlement prit des mesures afin que les communications, entre les deux rives de la Seine, ne restassent pas interrompues. Un bac, affecté exclusivement au transport des marchandises, fut, en conséquence, établi au lieu dit l'Arche-Dorée, devant l'hôtel de Bourbon, malgré les religieux de Saint-Germain-des-Prés qui invoquaient, pour s'y opposer, ou plutôt pour en percevoir les droits à leur profit, certains privilèges que leur avait concédés le roi Childebert, sur cette partie de la rivière. Un chariot payait, pour l'aller et le retour, 8 deniers parisis, une charrette 4 deniers, une bête de somme, avec son conducteur, 2 deniers. Quant aux piétons, comme le pont au Change était en réparation, le Parlement se contenta de prescrire que celui dit aux Meuniers, qui ne servait qu'à ces derniers, serait rendu libre pour tout le monde.

L'incarcération de Denis Hesselin fut de courte durée ; des amis puissants intercédèrent en sa faveur auprès de Louis XII. Ce roi, qui était alors à Orléans, ayant d'ailleurs égard à son grand âge et à ses longs services, députa l'amiral Graville vers les commissaires qui géraient la municipalité, afin de les inviter à lui donner seulement la Ville pour prison. *Et vous nous ferez*, leur mandait-il, *chose moult agréable que recongnoistrons, et autrement, en le traitant en rigueur, ne serions pas contens et nous en pourrions souvenir pour quelque temps.* La recommandation était faite en termes trop impératifs pour n'être pas prise en considération ; aussi fut-elle transmise au Parlement avec un avis favorable et suivie bientôt d'effet.

A l'égard des autres détenus, on prétend, dit Sauval, qu'étant hors d'état d'acquitter les condamnations pécuniaires prononcées contre eux, ils moururent en prison.

Hesselin exerça, quelques mois encore, sa double charge ; il se démit ensuite de celle de receveur en faveur de Jehan, son fils. Il voulut vendre celle de greffier, mais Nicollas Potier, devenu Prévôt des Marchands, s'y opposa formellement, prétendant avoir seul le droit d'en disposer, et, de fait, il en mit en possession le plus jeune de ses fils, en 1501.

§ III

Après que fut passé le premier moment de stupeur qu'avait causée l'écroulement du pont Notre-Dame et en attendant que, pour satisfaire à l'indignation publique, la justice eût puni sévèrement les auteurs de ce désastre, il fallut songer à réparer le mal. Dans une assemblée qui siégea au Parlement, le 7 novembre 1499, et où se trouvèrent un grand nombre d'éminents magistrats, les commis au gouvernement de la Ville et plusieurs des principaux bourgeois, on décida que le pont serait reconstruit, le plus tôt possible, et qu'on l'établirait en pierres de taille et non en bois; que, relativement à sa structure, on prendrait, avant de rien conclure, l'avis de bons deviseurs de bâtiments, auxquels s'adjoindraient les meilleurs ouvriers de Paris et ceux qui seraient appelés de la province. On devait provisoirement faire venir les matériaux et autres choses convenables et nécessaires, *pour le dict ouvraige faire, et, au plaisir de Dieu, bien parfaire.*

Dans une seconde assemblée tenue quelques jours après, et cette fois à l'Hôtel de Ville, on se préoccupa des moyens de pourvoir à la dépense. Les opinions furent très divisées; les uns proposaient d'impétrer des indulgences du Pape: cet expédient leur paraissait devoir rapporter beaucoup d'argent; plusieurs demandaient que la Ville se fît donner, pour un temps, la jouissance des droits que payaient, à ses portes et sur ses avenues, certaines marchandises et denrées; d'autres voulaient que les ouvriers de tout métier pussent passer maîtres sans faire de chef-d'œuvre, en lui versant telle somme qui serait arbitrée; quelques-uns étaient d'avis qu'il lui fût permis de lever une taxe sur tous les habitants ; d'autres, enfin, pensaient que le mieux était qu'elle sollicitât du Roi un don gracieux et que, dans le cas où il ne pourrait l'accorder, elle obtînt un octroi spécial sur le bétail, le poisson de mer et le sel.

C'est à ce dernier parti que l'on s'arrêta, dans une nouvelle réunion beaucoup plus nombreuse que la précédente. La proposition fut accueillie, le **19 décembre 1499**, par des lettres patentes données à Orléans et sur lesquelles nous reviendrons.

On lit dans les Chroniques ajoutées à celles de Monstrelet que Louis XII (qui se trouvait à Milan quand tomba le pont Notre-Dame) envoya Jehan de Doyac *pour donner la conduicte de refaire le dit pont.* Ce personnage, nous n'en doutons pas, était le même que Jehan de Doyat, né en **1445**, près de Cusset, qui fut quelque temps gouverneur de l'Auvergne et que Louis XI combla de faveurs pour lui avoir dévoilé des actes du duc de Bourbon, attentatoires à l'autorité royale, et déjoué les entreprises du duc de Bourgogne. Le monarque, en mourant, l'avait particulièrement recommandé à son fils Charles VIII ; mais à peine eut-il fermé les yeux que de Doyat, poursuivi à l'instigation du duc de Bourbon pour de prétendus méfaits, fut privé de ses emplois et de ses biens, puis condamné à être fustigé, à avoir les oreilles coupées et la langue percée d'un fer chaud. Charles VIII, dès qu'il fut devenu majeur, s'empressa de le réhabiliter et il fut utilement employé, dit-on, dans les guerres d'Italie.

C'était, on en conviendra, lui faire une position bien maigre et probablement peu en rapport avec ses aptitudes que de lui donner la direction de l'entreprise dont il s'agit. Néanmoins, nous voyons que, le **24 février 1499** (vi. st.), la Ville lui décerna *la superintendance sur l'ouvraige.* Comme il était

déjà vieux et infirme, Colinet de la Chesnaye, marchand et
bourgeois de Paris, lui fut adjoint. Le traitement annuel du
premier était de 400 livres tournois et celui du second de 200
livres. L'un et l'autre portaient un bâton blanc, pour marque
de leur autorité. Au mois de septembre suivant, de Doyat tombe
malade. Il est mis en prison, on ne dit pas pour quel motif, et
la Ville lui paye l'arriéré de ses appointements en y ajoutant
une légère gratification. La charge qu'il exerçait est alors sup-
primée et deux notables bourgeois sont désignés, à sa place,
pour avoir l'œil sur l'édifice du pont et sur les ouvriers qui y
travaillaient à la journée. De Doyat n'occupa donc que très peu
de temps le poste créé pour lui. Sauval ne s'est pas moins
trompé en prétendant que, par suite d'une sorte de similitude
de noms, on l'avait confondu avec un autre personnage, et qu'il
n'avait eu aucune part à la construction du pont Notre-Dame.

Il fallait des praticiens habiles et expérimentés pour veiller
à ce que les ouvrages faits en régie ou donnés à des entrepreneurs fussent exécutés suivant les règles de l'art. Cette charge
fut confiée à Didier de Félin et Gaultier Hubert, alors en possession des offices de Maîtres des œuvres de la Ville, le premier pour la maçonnerie, le second pour la charpenterie. En
conséquence, ils avaient respectivement la conduite de tous les
travaux qui les concernaient et la haute main sur les ouvriers
qui y étaient employés. Indépendamment de leurs gages et
taxations ordinaires, leur traitement, d'après une délibération
du 11 février 1500 (vi. st.), était, pour l'un de 120 livres parisis, par an, et pour l'autre de 60 livres. On faisait un cas tout
particulier de Didier de Félin, car le registre du Bureau de la
Ville, où nous puisons tous ces détails, ajoute que, s'il ne se
trouve pas satisfait, on lui donnera une plus forte somme *pour
le contenter gracieusement*. Il mourut sept mois après et lorsque les ouvrages étaient très peu avancés. Son fils, Jehan de

Félin, maitre maçon comme lui, fut substitué dans son office. Gaultier Hubert le suivit lui-même d'assez près et fut remplacé par François Manget, auquel succéda Bastian de Caumont, ces deux derniers s'étant fait nommer successivement Maîtres des œuvres de la charpenterie.

Un religieux, nommé Jehan Escullant, et que Sauval a pris pour Jehan Joconde, fut chargé de la réception des pierres fournies par les carriers avec lesquels la Ville traitait directement. On y joignit, plus tard, le contrôle des ouvriers employés en régie. Il avait été envoyé à Meulan, Mantes et Vernon, pour en faire venir les matériaux qu'il reconnaîtrait de bonne qualité, et se rendit ensuite à Compiègne pour en ramener les meilleurs ouvriers. Il reçut 80 livres parisis pour les services qu'il avait rendus pendant l'année 1500, et le Prévôt des Marchands s'était engagé à rémunérer convenablement ceux qu'il rendrait ultérieurement.

Telles étaient les principales mesures qu'on avait jugé à propos de prendre pour la direction et la surveillance des travaux.

Quant aux questions relatives à l'assiette du nouveau pont, à sa forme et à la disposition de ses diverses parties, elles furent débattues et tranchées, tour à tour, dans plusieurs assemblées qu'on environnait d'une certaine solennité, tellement on attachait d'importance à l'objet de leurs délibérations, et qui se tenaient, tantôt au Palais de Justice, tantôt à l'Hôtel de Ville. Elles étaient ordinairement composées de conseillers du Parlement, de membres de la Chambre des Comptes, d'officiers du Châtelet, du Prévôt des Marchands et des Échevins, des Quartiniers, des Maîtres des œuvres de la Ville, de notables bourgeois, de maçons, charpentiers et autres ouvriers entendus en fait de bâtiments; on y appelait quelquefois les chefs de ponts et les mariniers fréquentant la rivière de Seine.

La première place y était occupée par le Gouverneur de Paris, et, en cas d'empêchement, par l'un des présidents de la Cour du Parlement.

Deux Maîtres des œuvres de la maçonnerie, venus, l'un de Rouen, l'autre d'Amiens, consignèrent, dans un rapport écrit, leur avis motivé tant sur la forme que sur le mode de construction du pont. Ils proposaient de le fonder sur le roc, qu'ils disaient avoir trouvé gisant, à dix-huit pieds au-dessous du niveau de l'eau, et qui leur paraissait suffisamment solide pour le supporter. Ils lui donnaient sept piles et huit arches et indiquaient leurs dimensions respectives ainsi que celles des culées et comment le tout devait être maçonné.

Le Conseil se fit représenter ce rapport pour y avoir tel égard que de raison.

Le 12 mars 1499 (vi. st.), après une descente sur place, il décida, conformément à un avis de Didier de Félin, avis qui avait reçu, trois jours auparavant, de nombreuses adhésions, que le pont n'aurait que six arches; un peintre, du nom de Gaultier de Campes, eut mission d'en représenter la figure.

Le 6 juillet suivant, il fut résolu que ces arches seraient en plein cintre et que celles des rives seraient moins grandes que les autres. Quant à leur hauteur, Joconde, que dans les commencements on appelait Jehan Joyeux, et qui entrait pour la première fois dans l'assemblée, différant d'opinion avec Didier de Félin, le Conseil, avant de se prononcer, leur prescrivit de donner des dessins de leurs projets.

Cinq jours après, des toiseurs ayant rapporté que l'intervalle d'une culée à l'autre serait de 381 pieds, on arrêta que chaque pile aurait 14 pieds d'épaisseur, que l'on donnerait 49 pieds et demi de largeur aux petites arches et 53 aux grandes. Dans le cas où la distance accusée ne se trouverait pas exacte, la différence devait être rachetée en faisant l'édifice du pont.

Un grand nombre de maîtres maçons et charpentiers avaient été consultés, à plusieurs reprises, sur la meilleure manière d'asseoir cet édifice. Quelques-uns, parmi lesquels était Didier de Félin, prétendaient que, si en creusant assez profondément on trouvait effectivement de la bonne roche, on pourrait, en établissant par-dessus une couche de cailloux bien battus, se dispenser de piloter; mais la grande majorité ne partagea pas cet avis. De deux tours élevées à Chalon-sur-Saône, disaient-ils, l'une, fondée sur pierre dure et cailloux, s'est écroulée peu de temps après sa construction, tandis que l'autre, assise sur pilotis, est encore debout. Ils ajoutaient que le même fait s'était produit au Lude, que d'ailleurs les ponts du Mans, de la Ferté-Bernard et de Gournay étaient sur pilotis. Ils insistaient donc pour l'emploi de ce mode de fondation. Il résulte d'une délibération du 10 août 1500 que cette opinion prévalut près du Conseil.

On lit dans Sauval : « Les plongeons nous ont rapporté que tous les pilotis du pont Notre-Dame sont de troncs d'arbres et fort gros, plantés à la ligne, mais non pas si près que ceux de nos ponts modernes, mais, bien au contraire, ils en sont si éloignés qu'on y remarque une distance assez considérable : ce qui a été fort judicieusement fait, de peur qu'étant trop pressés ils n'eussent pas la tenue si ferme ; car, ceux qui sont si pressés ne tiennent pas assez par le pied. Ces mêmes plongeons disent encore qu'ils sont tous hors de terre, par conséquent toujours mouillés de l'eau de la rivière ; et tant s'en faut qu'il y ait à craindre qu'ils pourrissent, qu'au contraire ils s'endurcissent de plus en plus, ayant été passés par le feu, sur des chevalets, avant que d'être mis en œuvre. »

Nous laissons à cet auteur la responsabilité des faits qu'il signale, ainsi que des conséquences qu'il en tire pour la solidité et la durée des ouvrages.

Dans une séance du 26 août 1500, on agita la question de savoir quelle forme on donnerait aux piles, du côté d'aval. Didier de Félin annonça que le Gouverneur de Paris, alors absent, inclinait pour qu'elles fussent circulaires. Tous les assistants objectèrent que, dans ce cas, l'eau tourbillonnerait autour et mettrait les bateaux en danger, tant à la montée qu'à la descente. On se sépara sans rien conclure ; mais, dans la séance suivante, que présidait le Gouverneur, la forme triangulaire fut préférablement adoptée.

Deux ans plus tard, on revint sur la hauteur des arches. Jehan de Félin, alors Maître des œuvres de la maçonnerie, et trois bacheliers dudit métier, rendirent compte, le 25 novembre 1502, de la mission qui leur avait été donnée à ce sujet. Leur avis était que, pour les deux arches du milieu, il y eût 20 pieds et un quart d'intervalle entre la clef de voûte et le niveau des plus hautes eaux observées depuis trente ans ; que cet intervalle fût réduit à 18 pieds un quart pour les deux arches latérales et à 14 pieds et demi pour les dernières. Cet avis ne prévalut pas. En effet, le 21 janvier suivant, le Conseil admit bien que les arches de rives fussent moins élevées que les quatre autres, mais il décida que celles-ci seraient toutes d'une égale hauteur ; que les naissances des voûtes partiraient d'un même niveau et que ce niveau serait pris à 18 pouces au-dessus de la dernière assise de la culée, du côté de Saint-Denis-de-la-Chartre.

Il parait que la disposition finale aurait eu pour conséquence d'enterrer plusieurs maisons des rues voisines. Joconde et de Félin, consultés sur les moyens d'éviter cet inconvénient, présentèrent chacun un plan figuratif de leurs propositions. Malgré la légende qui y était jointe (1), le Conseil, ne se trouvant pas suffisamment éclairé, demanda qu'ils tendissent des cordeaux pour les rendre plus sensibles et faire juger, sur place, de l'effet qu'elles produiraient. Cela fait, il arrêta, le 20 juillet 1504, que la ligne de niveau, d'où les naissances des voûtes devaient partir, serait convenablement abaissée et qu'à cet effet les piles ainsi que les culées seraient dérasées d'une certaine hauteur.

Le pont était achevé qu'on n'avait pas encore déterminé l'inclinaison que l'on donnerait à sa chaussée. On n'en délibéra que le 17 mai 1507. Comme deux projets étaient en présence et que l'un et l'autre avaient de nombreux partisans, le magistrat qui présidait l'assemblée crut devoir en référer au Parlement. Celui-ci trancha la question, six jours après, en décidant que la chaussée aurait une pente uniforme de deux pouces par toise, de chaque côté de son point culminant.

C'est ainsi que furent successivement réglés la forme et l'agencement de toutes les parties du pont.

Pour procurer à ce dernier tout l'emplacement qui lui était nécessaire, on se trouva obligé de démolir plusieurs bâtiments à chacune de ses extrémités. La plupart des propriétaires acceptèrent les indemnités que des experts avaient proposé de leur allouer. Ceux, au nombre de trois, qui s'adressèrent au Parlement, obtinrent chacun une augmentation de 50 livres.

En même temps, on jugea utile de porter à 20 pieds la largeur des rues qui conduisaient directement au petit pont et qui en avaient beaucoup moins. Le Parlement régla aussi comment il y serait procédé. La Ville devait refaire elle-même les façades des maisons sujettes à reculement et était autorisée à

---

(1) Celle de Joconde était en latin et fut traduite par le Procureur de la Ville, pour être comprise par tous les assistants.

en compenser la dépense avec le montant du dommage causé par le rescindement. S'il était constaté que quelque propriétaire n'eût droit à aucune indemnité, à raison des avantages qu'il retirerait de la construction du pont et de l'élargissement de la voie publique, il était tenu de lui rembourser la somme qu'elle aurait avancée.

Revenons aux travaux. La première chose à faire, avant de les entreprendre, était de débarrasser le lit du fleuve des objets qui y étaient tombés. Mathieu de Louans, Maître des œuvres de la maçonnerie du Roi, en fut chargé, dès le 28 octobre 1499. Tous les matériaux de quelque valeur devaient être déposés dans l'île Notre-Dame, aujourd'hui Saint-Louis, alors en prairie, et les meubles et ustensiles à l'Hôtel de Ville.

Bientôt après, des marchés furent conclus avec des carriers de Notre-Dame-des-Champs, Saint-Marcel, Passy, Bougival, Senlis, Moret, etc.; la pierre qu'ils fournissaient leur était payée depuis 10 livres 16 sols jusqu'à 32 livres 8 sols la toise cube, suivant la qualité. La chaux se prenait à Meaux et à Melun. Elle coûtait 40 et 48 sols le muid. Tous les approvisionnements se faisaient dans l'île Notre-Dame. C'est encore là que les matériaux étaient préparés avant leur transport à pied d'œuvre. A cet effet, la Ville acheta cinq bateaux qui lui revinrent à 406 livres. Elle traita avec huit mariniers, à raison de 6 livres par mois, pour le passage des ouvriers qui se rendaient sur les ateliers ou en revenaient. La journée d'un maçon et tailleur de pierre était de 10 sols.

Ces préparatifs une fois faits, la première pierre du pont fut posée, au nom du Roi, par le Gouverneur de Paris. Dans la même journée, et non le lendemain, comme l'a dit Sauval, eut lieu la pose de la seconde, au nom de la Ville, par les Commissaires remplissant les fonctions de Prévôt des Marchands et Échevins. Le procès-verbal de cette cérémonie est ainsi conçu :

« Le vingt-huitième jour dud. mois de mars a été assise la première pierre du pont Nostre-Dame que de nouvel on édiffie de pierre : en laquelle pierre sont troys armes entaillées, c'est assavoir les armes du Roy au dessus, par le travers desquelles est escript :

> LOYS PAR LA GRACE DE DIEU
> ROY DE FRANCE
> DOUZIESME DE CE NOM

« Au dessoubz, à destre, sont les armes de la Ville de Paris, et à senestre, les armes de Monsr de Clérieulx, lieutenant pour le Roy nostre Sire, et Gouverneur de Paris ; et au dessoubz desd. armes est escript :

> *L'an mil quatre cens quatre vingtz dix neuf*
> *Ceste présente pierre fut assize*
> *la première*
> *par Mess^e Guillaume de Poictiers,*
> *Le vingt huitième jour de mars.*

« Led. jour la seconde pierre dud. pont a esté assise par Maistre Jehan Bouchard, conseiller du Roy en sa court de Parlement, et par sire Nicollas Potier, maistre Jehan de Marle, Jehan Le Lièvre et Henry Le Becgue, commis, soubz la main du Roy, au gouvernement de lad. Ville de Paris. »

On sait que Monsr de Clérieulx et Mess^e Guillaume de Poictiers ne faisaient qu'une seule et même personne.

Des bâtardeaux ont successivement été établis pour que les ouvriers pussent travailler à pied sec. Jehan du Puys, maître charpentier, en a fait un moyennant 4 livres 6 sols la toise courante ; Jehan Philippe le jeune, aussi maître charpentier, en a fait un autre, à raison de 9 livres 10 sols. Ces prix ne comprenaient que la main-d'œuvre, attendu que tous les bois et les terres du corroi étaient fournis par la Ville. On employait, pour les épuisements, des manèges mus par des chevaux.

La culée et la première pile du pont, du côté de la rue de la Tannerie, ont été construites en régie ; le surplus des maçonneries, jusqu'à la naissance des voûtes, a, plus tard, été donné à l'entreprise, conformément à une délibération du 19 août 1500 ; mais seulement pour la taille et la pose de la pierre, la Ville s'étant chargée des pilotis et ayant mis à la disposition des entrepreneurs les matériaux et engins qu'exigeaient leurs travaux. Elardin Orget, maître maçon, a exécuté une des quatre piles restantes, au prix de 14 livres la toise cube. Jehan de Félin a fait les trois autres à raison de 15 et 18 livres. Quant à la seconde culée, comme elle demandait moins de sujétion, il s'est contenté de 8 livres.

Nous omettons quelques marchés de peu d'importance, notamment ceux qui eurent lieu en 1503, tant pour l'enlèvement des bois qui avaient servi à la confection des bâtardeaux et échafauds que pour l'établissement d'un pont provisoire en charpente, porté sur les piles, en attendant que l'on entreprît la construction des voûtes (1).

C'est le 7 avril 1505 seulement qu'on a traité pour cette construction avec le nommé Jaques Courbet. Suivant ce qui s'était pratiqué précédemment, la Ville a fourni tous les matériaux et instruments nécessaires, elle a même fait poser les cintres des voûtes, de façon à ne laisser à cet entrepreneur que la main-d'œuvre de la maçonnerie qui lui a été adjugée au rabais, moyennant 5 livres 12 sols la toise cube.

La pose de la dernière pierre du pont s'est effectuée, en 1507, avec un peu plus de solennité que pour la pose des deux pre-

---

(1) Si les ouvriers chargés de l'enlèvement des bois s'en acquittaient bien, on avait promis de gratifier chacun d'eux d'une paire de chausses du prix de 28 sols parisis.

mières. On lit, en effet, dans Corrozet, ou plutôt dans son con-
tinuateur Nicolas Bonfons :

« Soit mémoire, que le samedy, dixième jour de juillet mil
cinq cens et sept, environ sept heures du soir, par noble homme
Dreux-Raguier, escuyer, seigneur de Thionville, Prévost des
Marchands, et sire Jean Lelièvre, maître Pierre Paulmier,
Nicole Seguier et sire Hugues de Neufville, Eschevins de la
Ville de Paris, fut assise la dernière pierre de la sixième arche
du pont Notre-Dame à Paris, et à ce faire étoit présent grande
quantité de peuple de la dite Ville, par lequel, pour la joie du
parachèvement de si grande et magnifique œuvre, fut crié *Noël*
et grande joie démenée, avecques trompettes et clairons qui
sonnèrent par longue espace de temps. »

Bien que l'auteur ne l'ait pas dit, quelques-uns de ceux qui
sont venus après lui ont prétendu que ce qu'il rapporte faisait
l'objet d'une inscription attachée, sinon gravée, sur l'une des
voûtes du pont. Une lecture attentive aurait dû cependant faire
apercevoir que ce n'était que le simple récit d'un chroniqueur.
La question est d'un trop mince intérêt pour que nous nous y
arrêtions davantage. Nous en dirons autant d'une autre erreur
dans laquelle est tombé l'historien Lemaire, en attribuant à
la pose de la première pierre la cérémonie du 10 juillet 1507.

Nous terminerons ce qui concerne la réédification du
pont Notre-Dame en faisant remarquer que, si l'on ne se rap-
pelait que l'unité de conception n'était pas dans les idées de
l'époque où elle a eu lieu, on pourrait s'étonner qu'un ouvrage
si régulier dans ses proportions et qui demandait une étude
approfondie, ait été entrepris, ainsi que nous venons de le voir,
sans aucun plan d'ensemble préalablement arrêté et dont on
n'eût plus qu'à assurer l'exécution.

Nous parlerons plus loin des maisons dont il était couvert.

Tous les historiens ont fait l'éloge de sa construction. « Au milieu d'iceluy, a dit Corrozet, sont les images, de costé et d'autre, de Notre-Dame et de saint Denys, avec les armes de la Ville. Il est pavé ainsi que les rues, comme aussi sont les autres ponts, ensorte que les passants estrangers pensent estre en terre ferme. Brief, quand à la structure des ponts, c'est le seul chef-d'œuvre de toute l'Europe. »

Sauval le trouvait aussi fort beau. Il offrait, suivant lui, une grande gaieté mêlée néanmoins de beaucoup de majesté. Je n'en ai point vu dans l'Europe, déclarait-il, qui lui puisse être comparé, tant par la manière dont il est bâti que par l'agrément dont il remplit les yeux aussi bien que l'esprit de tous ceux qui le considèrent.

En 1552, lorsque l'ambassadeur du Dey d'Alger vint à Paris, le conseiller municipal Jacques Gohori, chargé de lui montrer ce qu'il y avait de curieux, raconte qu'il le vit admirer la structure et l'immensité de la Cathédrale, la magnificence du Louvre, la force et la solidité de la Bastille ; mais que lui ayant fait remarquer, en sortant du pont Notre-Dame, qu'il venait de traverser une rivière, son admiration redoubla et qu'il confessa avoir cru marcher sur la terre ferme.

On n'a pas oublié que la même illusion se produisait quand le pont n'était qu'en bois. Elle tenait à ce que ses maisons joignaient immédiatement celles des rues voisines, attendu qu'il n'y avait pas encore de quais qui les en séparassent. Nos idées sont bien changées depuis lors ; loin d'attacher quelque intérêt à ce qui, en ce temps-là, causait une sorte de ravissement, on le considérerait aujourd'hui comme un inconvénient grave.

Malgré le soin qui avait présidé à la construction du pont Notre-Dame et au choix des matériaux dont il était composé, Jaillot rappelle qu'en 1540 il avait besoin de réparations et qu'en 1577 une de ses arches était fortement endommagée. En

attendant que l'on procédât à sa consolidation, le Roi écrivit
aux officiers municipaux, le 27 décembre 1577, d'établir quatre grands bacs, deux en amont du pont et deux en aval, pour
le passage des voitures lourdement chargées, telles que celles
qui transportaient les pierres venant des carrières de Notre-
Dame-des-Champs et de Vaugirard. On trouve aussi qu'en 1656
les habitants se plaignaient au Parlement de ce que, par suite
de la négligence apportée, suivant eux, à son entretien, une
autre arche menaçait ruine, et qu'ils indiquaient les meilleurs
moyens auxquels on devait avoir recours pour y remédier.
Interpellé à ce sujet, le Prévôt des Marchands répondit que
l'entretien s'était toujours fait avec beaucoup de régularité ;
qu'il ne disconvenait pas que le pont n'exigeât quelques réparations, mais qu'il s'étonnait que des locataires se crussent
plus intéressés à sa conservation que le propriétaire lui-même,
c'est-à-dire la Ville, et que des marchands prétendissent savoir
ce qu'il y avait à faire, dans ce cas, mieux que les gens du métier. Il ajoutait que, si les travaux n'étaient pas encore commen-
cés, c'est qu'on manquait de bois de dimensions convenables.
Ils furent néanmoins entrepris, quelque temps après, et pous-
sés avec activité, bien qu'on eût constamment à lutter contre
les crues du fleuve. C'est à cette dernière circonstance que fait
allusion le second vers de l'inscription latine dont nous repar-
lerons à la fin du paragraphe suivant. Le 22 janvier 1659, le
Bureau de la Ville s'excusait de ne pouvoir s'occuper immédiatement de l'amélioration de plusieurs égouts, dont l'urgence
était signalée, *parce qu'on venoit*, disait-il, *de pourvoir avec
grande dépense au pont Notre-Dame.*

Le quai que le marquis de Gesvres obtint l'autorisation de
créer, en 1642, et auquel il donna son nom, changea la phy-
sionomie de notre édifice. On sait, en effet, que ce quai était
construit en encorbellement et que son parapet s'avançait jus-

qu'à la première pile du pont. Comme une des arches, celle de rive, en fut complètement cachée à l'aval, la symétrie que, jusqu'alors, elles avaient conservée entre elles n'exista plus. La voûte sous laquelle passait une partie de la rivière prit le nom de cagnards. L'état de choses resta le même lorsqu'en 1673 la Ville entreprit, à ses frais, le quai Le Peletier, attendu qu'elle tint son mur à l'alignement de la culée et non de la pile du pont. Mais, ce mur ayant été avancé de plusieurs mètres, en 1833, l'arche de rive se trouva tout à fait interceptée à l'amont et l'eau n'y entra plus. Néanmoins, les cagnards furent maintenus, bien qu'ils n'offrissent guère d'autre utilité que de servir de chantiers, pour la construction des bateaux, lorsque les eaux étaient basses. Trois maisons du pont avaient été supprimées à la formation du quai de Gesvres, celle du second entraîna la démolition de deux autres. Félibien nous dit que la Ville reçut pour les premières une indemnité de 40,000 livres.

Des cinq arches qui restaient à ce pont, celle qui tenait à la rive droite était barrée par un déversoir, et les deux suivantes se trouvaient obstruées par des moulins, en sorte qu'il n'y en avait que deux de libres, et encore le passage par l'une d'elles était, à de certains moments, si dangereux pour les bateaux qu'on l'avait surnommée l'*arche du diable*.

Il a existé longtemps, sous une des autres arches, un instrument de pêche appelé Dideau ou Guideau, que la Ville louait à son profit. Elle n'en retirait, à l'origine, que 200 livres par an ; mais il lui en rapportait 600 en 1692 et 1,000 en 1786. C'est là que fut pris, en 1735, un si beau poisson que les officiers municipaux crurent devoir en faire présent au Roi. C'était un esturgeon qui mesurait 6 pieds 8 pouces de longueur. Cet engin a été supprimé en 1809 et les matériaux provenant de sa démolition ont été vendus, par le domaine de l'État, à un nommé Duru moyennant 405 francs.

La grande ordonnance du mois de décembre 1672, dite de la Ville, disposait que ces mêmes officiers procèderaient, au moins une fois l'an, à une visite générale des ponts et des quais de Paris, et qu'il serait dressé procès-verbal des réparations à y effectuer, pour y être incessamment pourvu. Cette visite se faisait, dans les derniers temps, avec un certain apparat. Voici, à peu près, comment s'exprimait, à ce sujet, le Cérémonial annuel et ordinaire de l'Hôtel de Ville :

« Le Bureau, en manteau et rabat plissé, s'embarque à la Grève, sur le port, dans un bateau préparé à cet effet, avec le Maître général des œuvres de la Ville et les chefs de ponts. Un contrôleur des bâtiments du Roi y est appelé pour ce qui concerne les ponts Neuf et Royal. Le bateau est gardé par quatre gardes et deux officiers. On commence par visiter le pont Marie et les quais. Un plongeur descend au fond de l'eau, examine toutes les piles, les unes après les autres, et en dresse un état pour le procès-verbal. Puis, on va par la pointe de l'île en observant les murs de quais et l'on gagne successivement le pont de la Tournelle, le pont Rouge, celui de Notre-Dame et le pont au Change, observant toujours les murs de quais. On dîne dans le bateau, sous une des arches du pont au Change. Après dîner, on continue par le pont Neuf, le pont Royal et on vient jusqu'à la descente qui donne au bout du quai des Tuileries, près le pont tournant, pour visiter les murs de quais. Ensuite, on monte dans des carrosses qui se trouvent là et l'on se rend au pont au Double, dans de petits bateaux. On continue par le pont Saint-Charles, le petit pont, le pont Saint-Michel et le pont Neuf. Du tout il est dressé un procès-verbal de l'état et des réparations qui s'y trouvent à faire. »

On lisait dans un compte des administrateurs du domaine de la Ville, qui a péri lors de l'incendie de 1871 : « Reçu de Rouault, huissier-priseur, pour le produit, tous frais déduits, de la vente par lui faite, le 5 juillet 1791 et jours suivants, d'une gondole et dépendances appartenant à la Commune et qui servait ordinairement aux ci-devant Prévôt des Marchands et Échevins, pour faire la visite des ponts, 634 livres 5 sols. »

§ IV

Le nom de *Fra. Giovani Giocondo*, en français Frère Jean
Joconde, étant intimement lié, par la tradition, à la construction du pont Notre-Dame, nous devons entrer dans quelques
détails au sujet de ce personnage.

Les biographes nous apprennent qu'il était né à Vérone, vers
le milieu du xve siècle. S'ils diffèrent d'opinions sur la question de savoir à quel ordre, de Saint-Dominique ou de Saint-
François, il appartenait, tous sont d'accord pour reconnaître
que c'était un religieux d'un talent transcendant. Il jouissait,
dans toute l'Italie, d'une grande renommée, non seulement
comme habile architecte, mais encore comme profond littéra-
teur. Il était aussi versé dans la philosophie et dans la théolo-
gie. Jules-César Scaliger s'honorait de l'avoir eu pour précep-
teur et Budé se félicitait d'être parvenu à bien comprendre les
passages les plus difficiles de Vitruve, grâce aux explications
qu'il en avait reçues et aux dessins dont elles étaient accom-
pagnées. Enfin, on lui doit, dit-on, la découverte de la plupart
des lettres de Pline qu'Alde-Manuce a imprimées.

Loin de nous la pensée de vouloir porter la moindre atteinte
au mérite de cet homme éminent ; mais est-il bien sûr que le
pont Notre-Dame, qui, de son temps, passait pour une merveille
de l'art, ait été réellement son ouvrage ?

Nos historiens répètent, les uns après les autres, que
Louis XII se trouvant à Milan, lorsqu'il apprit la chute de ce
pont, donna à Joconde, qu'il savait très expert en architecture
et qui était alors en Italie, la mission d'aller le reconstruire.
C'est encore une erreur ; Joconde était déjà depuis quelque

temps en France. Un manuscrit conservé à la Bibliothèque nationale et qui a été publié, en 1851, dans *les Archives de l'art français*, en fournit la preuve évidente. On y voit que, par des lettres patentes du 29 janvier 1497, un nommé Jacques Taillandier, résidant à Tours, avait été chargé par Charles VIII de payer les savants et autres, au nombre de vingt, que ce Roi avait appelés près de lui. Une somme de 7,400 livres tournois. lui avait été versée dans ce but; on lui avait aussi remis un rôle nominatif de toutes les parties prenantes. Ce rôle était intitulé : *Etat des gaiges que le Roy, nostre Seigneur, a ordonnez aux ouvriers et gens de mestier qu'il a fait venir de son royaume de Scille, pour édiffier et faire ouvraiges à son devis et plaisir, à la mode d'Ytallie, et ce, pour ung an entier, commençant le premier jour de janvier 1497 et finissant le dernier jour de décembre 1498 (1). Lesquels le dict Seigneur veult et entend estre payez par Jacques Taillandier, à ce commis, en la manière qui s'ensuyt.*

Le premier article de ce même état concerne précisément notre artiste; il porte : *A frère Jehan Jocundus, deviseur de bâtimens, pour ses gaiges et entretenement ou service du dict Seigneur, durant la dicte année, commençant et finissant comme dessus, à trente ducats de carlins par moys; à la raison de dix carlins par ducat, vallent XLVI l. XVII s. VI d. t., qui font par an V C. LXII l. X s. t.*

On apprend par là que ce dernier, ainsi que nous l'avons dit plus haut, était bien en France deux ans avant l'accident du pont Notre-Dame, qu'il y avait été attiré par Charles VIII et non envoyé par Louis XII, et qu'on lui payait 562 livres 10 sols tournois par an. Presque tous les autres ne recevaient que 240

(1) N'oublions pas que, suivant l'ancienne manière de compter, l'année 1497 finissait le 14 avril, et que l'année 1498 commençait le lendemain.

livres. *Jehan Lascaris, docteur du pays de Grèce,* en touchait
400. Le mieux rétribué était *Guido Paganino, peintre et enlumineur;* on lui donnait 937 livres 10 sols.

Comme Charles VIII s'était retiré, depuis quelque temps, au château d'Amboise et qu'il tenait à ce que tous ces étrangers fussent à sa portée, il n'est pas étonnant qu'il eût donné le soin de les payer à un comptable du voisinage.

On sait que ce monarque mourut le 7 avril 1498. Taillandier, qui néanmoins n'avait pas discontinué son office, craignit qu'on ne lui fît quelques difficultés à ce sujet. Il vint, en conséquence, à Paris, pour soumettre sa gestion au nouveau Roi. Celui-ci, par d'autres lettres du 27 août 1498, approuva le compte qui lui fut présenté. Joconde y figure pour la même somme de trente ducats de carlins par mois, mais, cette fois, on ajouta à sa profession de deviseur de bâtiments le titre de religieux de Saint-François.

S'il ne vint pas en France avec la mission de procéder à la réfection du pont Notre-Dame, il est certain qu'il y prit part, bien que dans une faible mesure.

Sauval, qui souffrait, avec peine, que la conception d'un ouvrage considéré comme très beau fût attribuée à un étranger, s'est trompé, on l'a vu au paragraphe précédent, en prétendant que Joconde avait eu seulement le contrôle de la pierre; ce mince emploi était trop au-dessous de lui. Il résulte de tout ce que nous avons rapporté que, lorsqu'on entreprit la réédification du pont, on n'avait aucune idée arrêtée concernant sa structure. A défaut d'un plan, on décidait, à mesure que l'on avançait, les questions relatives à chacune de ses parties. Joconde, il est vrai, assista à presque toutes les réunions qui se tinrent à ce sujet, mais c'était avec plusieurs autres praticiens et uniquement en qualité de conseiller. Si, ce qui est probable, sa longue expérience fit prévaloir souvent ses avis, on ne peut pas en conclure qu'il ait été l'architecte du pont, dont on avait d'ailleurs déterminé le nombre des arches avant qu'il fût admis aux discussions. On ne peut pas dire, non plus, qu'il ait eu la conduite des travaux, puisque, ainsi qu'on a pu le voir, elle avait été dévolue aux Maîtres des œuvres de la maçonnerie et de la charpenterie, chacun dans sa partie.

Cependant, Jacques Sannazar, né également en Italie et son contemporain, désirant lui donner un témoignage de son estime particulière, et abusant un peu trop, à cet effet, du privilège que, de tout temps, se sont attribué les peintres et les poètes (1), n'a pas craint d'affirmer que c'était lui qui avait construit le pont Notre-Dame. C'est du moins l'induction que l'on tire du distique suivant qu'il composa en son honneur :

DE JUCUNDO ARCHITECTO.

Jucundus geminos fecit tibi Sequana pontes ;
Jure tuum potes hunc dicere pontificem.

Afin de justifier la qualification de pontife dont il gratifie son ami, le poète lui attribue, en outre, la construction d'un second pont sur la Seine. Quel était cet autre pont ? Les uns disent le pont Saint-Michel, d'autres le petit pont, quelques-uns le pont au Change. Comme on ne trouve pas la moindre trace de la coopération de Joconde à l'un ou l'autre de ces différents ouvrages, nous devons en inférer que l'assertion de Sannazar, touchant ce deuxième pont, est tout à fait gratuite. La diversité des opinions émises au sujet de son dire donne encore plus de force à la nôtre.

Sannazar joue sur le mot *Pontifex*, qui a deux acceptions, puisqu'il signifie aussi bien un prélat qu'un constructeur de

(1) .... Pictoribus atque Poetis
Quidlibet audendi semper fuit æqua potestas.

HOR., *Art. poét.*

ponts. Il a voulu, a prétendu Papire Masson, dans son livre intitulé *Descriptio fluminum Galliæ*, faire entendre que Joconde ayant élevé deux de ces monuments, sur la Seine, était digne d'arriver à l'épiscopat de Paris, si le titulaire, alors en exercice, venait à mourir.

Un touriste anglais, Thomas Coryate, qui visitait la France, en 1608, trompé, sans doute, par le double sens du mot pontife, a été plus formel : on rapporte, a-t-il dit dans la relation de son voyage, que c'est à un évêque de Paris, du nom de Joconde, que l'on doit la construction du pont Notre-Dame !

Georges Vasari, dans son livre des *Vies des plus excellents peintres, sculpteurs et architectes*, s'extasie beaucoup sur la beauté des deux vers de Sannazar. L'un de ses éditeurs a pensé qu'il devait peu se connaître en poésie latine, autrement, ajoute-t-il, il n'aurait pas donné l'épithète de très beau à un distique qui ne contient qu'un frivole jeu de mots, *concettino puerile*. De son côté, Piganiol de la Force l'appelle une mauvaise épigramme.

Corrozet est le premier, croyons-nous, qui ait avancé que ce fameux distique avait été écrit sous l'une des arches du pont; Papire Masson a dit, non pas écrit, mais gravé en lettres capitales; ce qui a été répété par Dubreul et par bien d'autres. Cependant, Sauval déclare l'y avoir inutilement cherché. Nous n'avons pas de peine à le croire; car, si véritablement ces vers avaient été gravés sur le pont, il en serait resté quelque indice. Ce qui prouve le contraire, c'est que, parmi les anciens auteurs qui en ont parlé, pas un, chose singulière, ne les a rapportés avec exactitude; tous y ont fait quelque changement; nous en avons compté jusqu'à huit variantes. Quelques-unes rendent peut-être le distique plus harmonieux, mais elles témoignent que l'original n'était pas sous les yeux de ceux qui l'ont cité.

Néanmoins, la voix publique qui attribuait à Joconde la construction du pont Notre-Dame était tellement accréditée, même parmi nos édiles, que, lorsqu'on eut terminé les grosses réparations entreprises en 1656 et dont nous avons dit quelques mots au paragraphe III, le Bureau de la Ville crut devoir en faire mention sur une table de marbre contenant, en lettres d'or, l'inscription suivante :

Jucundus facilem præbet tibi Sequana pontem.
Invito Ædiles flumine restituunt.
Regnante Ludovico XIV.
Alexandro de Seve urbis præfecto, etc.
An N. S. M DC LIX.

Jaillot, qui probablement a rapporté cette inscription de mémoire, a remplacé le premier vers par cet autre qui est encore plus affirmatif :

Jucundus celebrem posuit tibi Sequana pontem.

Malgré toute la déférence que nous devons à la mémoire de nos anciens officiers municipaux, nous maintenons qu'ils ont été beaucoup trop loin en décernant à Jean Joconde, sur la simple assertion de Sannazar, le mérite d'avoir édifié le pont Notre-Dame.

§ V

Parmi les délibérations prises pour la réédification de ce pont et dont nous avons rapporté le plus grand nombre au paragraphe III, il ne s'en trouve aucune ayant trait à l'établissement des maisons dont il était couvert, en sorte qu'on ignore complètement ce qui a dû être décidé à leur sujet. On sait seulement qu'elles étaient construites avec l'élégante symétrie qui caractérise généralement les ouvrages de la Renaissance et qu'on les terminait au commencement de l'année 1512. La Ville s'occupa alors de leur location. Dans une assemblée tenue le 21 avril, on se demanda si l'on devait donner les baux aux enchères. Plusieurs conseillers objectèrent que, dans ce cas, *toutes manières de gens et de vil mestier et deshonneste vie y seroient receuz, en mettant leur denier, qui ne seroit pas l'oneur ne proffit de la Ville, pour ce qu'ilz pourroient y porter plus de dommaige que ne vauldroit le louaige.* En conséquence, on arrêta que l'on traiterait à l'amiable, quant au prix, avec ceux des concurrents qu'on aurait préalablement choisis et que cette affaire serait laissée à la discrétion du Prévôt et des Échevins. Ceux-ci libellèrent les conditions auxquelles les locataires seraient soumis : elles différaient peu de celles qui sont en usage aujourd'hui à Paris. Il était d'ailleurs interdit de répandre de l'eau dans les celliers, pour ne pas endommager les maçonneries du pont, ni d'étaler des marchandises en dehors de l'alignement des jambes étrières, afin de ne pas gêner la circulation ; au lieu d'être attachées à des potences en saillie, les enseignes devaient être suspendues sous les auvents par des chaînettes, à la hauteur compétente, mais cette prescription fut bien vite éludée. D'autres charges furent, plus tard, imposées, notamment celles d'entretenir en bon état le pavé de la chaussée, de ne pouvoir travailler sur enclumes avec de gros marteaux, ni de sous-louer sans l'assentiment de la Ville. Les locataires étaient aussi tenus de mettre les fenêtres du premier étage à la disposition des officiers municipaux, lors des fêtes et cérémonies publiques.

Pendant longtemps, indépendamment du prix du loyer, on exigea d'eux une certaine somme, à chaque renouvellement de bail, à titre de droit d'entrée.

Philippe de Vigneule, citoyen de Metz, qui visita Paris au commencement du XVIe siècle, a consigné ce qui suit dans ses mémoires :

« En celle année mil ve et XII fut achevis le pont Nostre-Dame de Paris, lequel avoit cheu et fondu en la rivière en l'an mil iiij c iiijxx et XIX.

« Et fut le dit pont la plus belle pièce d'œwre que je vis oncques ; et croy qu'il n'y ait point de pareil pont à monde, si biaulx ne si riche ; et y a sus le dit pont lxviij maixons, et chacune maixon sa bouticque ; lesquelles maixons avec les bouticques sont faictes sy très fort semblables et pareilles, tant en grandeur comme en lairgeur, qu'il n'y ait rien à dire ; et a chacune maixon une escripture sur son huis, faicte en or et en asur, là où est escript le nombre d'icelle maixon, c'est assavoir en comptant une, ij, iij, jusques à lxviij. Et sont les dictes maixons mises à pris, c'est assavoir que quiconque en veult avoir, il fault qu'il donne sureté de la tenir IX ans durant, et paier chacune des dictes années XX escus d'or de louaige pour an ; du moins fut-il ainsy tauxé pour icelluy temps. »

Comme l'écu d'or valait alors 36 sols 6 deniers, les 20 écus représentaient 36 livres 10 sols.

Ce touriste avait beaucoup voyagé; il avait donc pu trouver de nombreux sujets de comparaison, ce qui donnait une grande valeur à ses observations.

Corrozet a confirmé, en partie, son témoignage, lorsqu'il a dit :

« Dessus ce pont sont édifiées, par symétrie et proportion d'architecture, LXVIII maisons, toutes d'une mesure et mesme artifice, de pierres de taille et briques, chacune contenant cellier ou caveau, ouvroir, gallerie derrière, cuisine, deux chambres et grenier, chascune écrite selon le nombre de son rang en lettres d'or. »

On lit aussi dans le compte rendu de l'entrée de Henri II que le pont avait *en chacun de ses cotés trente quatre maisons, toutes marquées de lettres d'or, sur un fond rouge*. Félibien, qui probablement avait mal lu, a pris la partie pour le tout et ne lui a donné, dans son ensemble, que ce dernier nombre de maisons, soit dix-sept de chaque côté; erreur que tous ses copistes ont répétée.

Afin d'arrêter les procès que lui avaient intentés plusieurs marchands qui occupaient à vie des maisons sur l'ancien pont, la Ville leur assura des logements sur le nouveau, pendant toute la durée de leurs baux, à raison seulement de 25 livres par an. Elle ne trouva pas d'ailleurs, pour les autres, le prix qu'elle avait demandé et fut obligée de se contenter de 28 livres. Ceux qui avaient accepté ce prix ne tardèrent même pas à se plaindre de ce qu'il était excessif, eu égard au peu d'affaires qu'ils faisaient, et menaçaient d'aller s'établir ailleurs; dans le but de les retenir, elle leur accorda, pour le temps à venir, une diminution de 4 livres par an. Mais ensuite les loyers augmentèrent à chaque renouvellement des baux; ils étaient de 60 livres en 1567 et de 100 livres en 1574. Neuf ans après, la

Ville voulut les porter beaucoup plus haut. Sur les réclamations des locataires, le Parlement crut devoir intervenir et réduire ses prétentions. Il fixa lui-même le prix du loyer à 200 livres et le droit d'entrée à 250 livres. Les officiers municipaux se plaignirent au Roi d'une décision qui, disaient-ils, portait atteinte à leurs droits. Ils consentirent néanmoins à passer les nouveaux baux, à ces conditions, mais en déclarant que c'était de leur propre mouvement et non pour obéir à l'arrêt de la Cour.

Pendant nos discordes civiles, plusieurs des habitants du pont avaient quitté Paris pour se joindre aux rebelles. Par des lettres du 19 novembre 1567, le Roi annula les baux qui leur avaient été faits et autorisa les Prévôt des Marchands et Échevins à remettre en location les maisons abandonnées, afin qu'elles ne restassent pas plus longtemps inoccupées. En enregistrant ces lettres, le Parlement prescrivit de faire un inventaire exact des meubles qui garnissaient les lieux, à la conservation des droits de qui il appartiendrait.

En 1589, à raison des malheurs des temps, les locataires obtinrent une remise d'un quart sur leurs loyers; mais, après la cessation des troubles, ceux-ci reprirent leur mouvement d'ascension ; ils atteignaient 280 livres en 1620 et 400 livres en 1638.

Bientôt après on cessa d'exiger un prix uniforme de tous les locataires; le montant des baux variait suivant la position plus ou moins avantageuse de la maison et son état de conservation.

Bien que le nombre s'en trouvât diminué, par suite des démolitions opérées pour la construction des quais de Gesvres et de Le Peletier, elles rapportaient 38,160 livres en 1712 et 44,250 livres en 1728. Leur produit figurait dans un budget de 1741 pour 41,350 livres, et dans un autre de 1758 pour 40,675 livres. En 1785, au moment de leur suppression, la Ville prétendait qu'elle en retirait 50,000 livres, déduction faite des frais d'entretien.

Nous avons vu que, lors des fêtes et cérémonies publiques, les officiers municipaux disposaient des fenêtres des premiers étages. Ils tenaient beaucoup à jouir exclusivement de ce privilège. Ainsi, comme Louis XIII, en se rendant au Parlement, le 2 octobre 1614, pour y être déclaré majeur, devait passer sur le pont Notre-Dame et que, la veille, ses fourriers y avaient retenu dix-huit maisons pour y installer des personnages de la Cour, la Reine-mère, sur la réclamation du Prévôt des Marchands et des Échevins, leur donna l'ordre d'aller immédiatement effacer les marques qu'ils avaient faites.

Lors de la remise en place des auvents et des enseignes dont l'enlèvement momentané avait eu lieu, le jour de l'entrée de Louis XIV et de Marie-Thérèse d'Autriche, le Bureau de la Ville, par une délibération du 9 septembre 1660, réglementa leurs dimensions, ainsi que leur saillie et leur élévation au-dessus du sol, afin que le tout présentât, à l'avenir, plus d'uniformité qu'autrefois.

En vertu d'un arrêt du Parlement, les locataires étaient tenus, sous peine d'amende, d'arroser le pavé, deux ou trois fois par jour, pendant les chaleurs de l'été, pour empêcher les mules et les chevaux d'y glisser; ils étaient, en outre, contraints de déménager, eux et leurs meubles, aussitôt que la rivière débordait ou charriait des glaçons, ce qui arrivait fréquemment. Aussi beaucoup d'industriels hésitaient-ils à s'installer sur ce pont, bien que, dans les derniers temps, il s'y fit un grand commerce.

Néanmoins, il résulte d'un recensement opéré en 1722, à l'occasion de l'entrée de l'Infante d'Espagne, que les soixante-trois maisons qu'il y avait alors étaient toutes occupées. On y comptait dix-neuf peintres, dix miroitiers, quatre plumassiers, trois chasubliers, autant d'ébénistes, de marchands de dorure et de quincailliers, deux chapeliers et deux orfèvres. Les bahutiers, bonnetiers, ceinturonniers, changeurs, doreurs en cuivre, éventailliers, fourbisseurs, horlogers, marchands d'estampes ou de métaux précieux, papetiers, pêcheurs, perruquiers et sculpteurs en cire, y étaient représentés chacun par un seul membre de leur corporation.

Des raisons d'embellissement et de salubrité ayant depuis ongtemps fait sentir la nécessité de supprimer toutes les maisons bâties sur les ponts, des lettres patentes du 22 avril 1769 décidèrent que l'on commencerait par celles qui appartenaient à la Ville. Celle-ci ajournait continuellement l'opération, par la difficulté de combler le déficit qui devait en résulter pour ses finances. Mais, en 1784, ses magistrats résolurent de ne plus en différer l'exécution. Dans ce but, ils donnèrent congé à tous les locataires, et, en compensation des loyers dont ils allaient être privés, ils demandèrent à être déchargés de l'entretien des juridictions et prisons pour lequel ils dépensaient annuellement l'équivalent de ces loyers. La proposition ayant été accueillie par un arrêt du Conseil d'État, du 14 août 1785, les maisons à jeter à bas, qui n'étaient plus qu'au nombre de soixante et une, furent adjugées, dans les premiers mois de l'année suivante, savoir : trente et une, situées à l'amont, au nommé Fournier, pour 40,600 livres, et trente, situées à l'aval, au nommé Armand, pour 36,300 livres. Après leur démolition, ce dernier se chargea d'établir les parapets et trottoirs moyennant 110,700 livres, sous la conduite de l'architecte Moreau, Maître général des bâtiments de la Ville. La réfection de la chaussée suivit de près et coûta 7,340 livres 3 sols 5 deniers.

On en profita pour baisser de neuf pouces le heurt qui existait
sur le point milieu de la longueur du pont.

Ainsi disparurent les constructions que les administrateurs
de la Ville prirent plaisir, maintes fois, à orner de leur mieux et
qui, pendant plus de deux siècles, avaient été un objet d'admiration pour les Parisiens et les étrangers.

§ VI

On se souvient que les amendes infligées aux officiers municipaux, par l'arrêt du 19 janvier 1499, devaient être appliquées, presque en entier, à la reconstruction du pont Notre-Dame. Cette ressource, en supposant qu'elle ait été réalisée, était bien petite, eu égard à l'importance de la dépense ; aussi a-t-on vu que la Ville fut autorisée à y joindre le produit d'un octroi spécial. Il consistait dans la levée, pendant six ans, de six deniers pour livre sur le poisson de mer, tant frais que salé, et le bétail à pied fourché, plus de dix sols sur chaque *poise* ou bateau de sel qui remonterait la Seine, entre les limites du grenier à sel de Vernon. On prévoyait, sans doute, qu'il serait suffisant, et comme il n'avait été consenti qu'à regret, à cause des impositions qui pesaient déjà sur le peuple, les lettres de concession portaient qu'il ne pourrait jamais être continué et que, si d'aventure, par importunité, inadvertance ou autrement, la permission de le proroger était obtenue, les officiers de justice ne devraient y avoir nul égard, *afin*, disait le Roi, *que de nostre temps, la chose publicque que nous désirons soulager de tout nostre cœur, ne soit surchargée de nouveaux subsides.* Paroles dignes de louanges, mais malheureusement non suivies d'effet.

La perception commença le 1er février 1499 (vi. st.), non sans rencontrer des difficultés. Les facteurs à la marée négligeaient de retenir aux expéditeurs le droit mis sur cette marchandise et il fallut un arrêt du Parlement pour les y contraindre. D'un autre côté, les bouchers refusaient, sous différents prétextes, d'acquitter celui qui frappait sur les bêtes qu'ils abattaient. Pour avoir moins de contestations à ce sujet, les Prévôt des Marchands et Échevins demandèrent que ce dernier droit fût établi, non plus d'après le prix d'achat, mais à tant par tête, et qu'en outre on imposât les harengs, lorsqu'ils traversaient la ville sans y être vendus. Ces propositions furent agréées par une déclaration datée de Paris, le 20 février 1501 (vi. st.), qui, tout en confirmant la taxe sur le sel et le poisson de mer, fixa le droit sur le bétail à quatre sols pour un bœuf, deux sols pour une vache, douze deniers pour un porc et six deniers pour chaque mouton, brebis ou veau. Le lest de harengs, composé, comme on sait, de douze caques ou barils, dut payer désormais seize sols à son passage, le tout pendant les quatre années qui restaient à courir du premier octroi. Lorsque celui-ci fut près d'expirer, les Édiles en sollicitèrent la prolongation, alléguant qu'ils avaient été longtemps troublés dans sa jouissance et que d'ailleurs il avait été loin de couvrir les dépenses. Ils craignaient d'autant moins d'essuyer un refus que Louis XII était lui-même heureux de les trouver, quand il avait besoin d'argent. Ainsi, pour l'aider à soutenir la guerre en Italie, la Ville lui avait prêté 20,000 livres en 1500 et 30,000 en 1503. Plus tard, elle lui fit don d'un navire du port de 400 tonneaux et d'une somme de 20,000 livres. Aussi, revenant sur les défenses qu'il avait faites, lui permit-il, le 3 novembre 1505, étant alors à Blois, de percevoir encore pendant trois ans, tant sur les harengs que sur le bétail à pied fourché et le poisson de mer, les droits mentionnés dans sa précédente déclaration ; il en ajouta même un autre sur le vin mené hors de Paris : il était de trois sols par queue et de douze deniers par muid. Comme il pensait qu'avec ces secours elle subviendrait facilement à tous les frais, il n'avait pas prorogé la taxe que payait le sel, mais, sur les représentations de ses magistrats, celle-ci fut rétablie par des lettres données à Montils-les-Tours,

le 25 mai 1506, après toutefois avoir été réduite de dix sols à
sept sols.

Bien que l'autorisation de lever toutes ces impositions fût
maintenue, pour trois autres années, par de nouvelles lettres
datées de Bourges, le 12 mars 1507, la Ville n'en jouit que pendant deux ans, ayant dû attendre, pour en faire usage, la fin du
précédent octroi. Lors de l'enregistrement de cette autorisation,
le Parlement lui prescrivit de presser l'exécution des travaux
de manière que tout fût terminé au mois de septembre
1511 ; il réitéra, en outre, les injonctions qu'il avait déjà
faites, pour que les offices dont elle disposait fussent vendus,
au plus offrant, et que le prix en fût appliqué à la réédification
du pont et de ses dépendances.

Enfin, après s'être rendu compte de la situation de l'entreprise, des Commissaires députés par le Roi constatèrent qu'une
somme de 9,000 livres était encore nécessaire pour solder toutes les dépenses et que, pour l'obtenir, il suffirait de ne continuer
que les taxes qui existaient tant sur le sel et les harengs que sur
les autres poissons de mer, les poissons frais exceptés, et ce,
durant un an seulement. En conséquence, il intervint, à Lyon,
le 26 août 1511, une dernière déclaration qui homologua les
propositions présentées à ce sujet.

En outre, un arrêt du Parlement, du 22 du même mois, disposait que les bouchers de la grande boucherie qui étaient con-
trevenus aux défenses qui leur avaient été faites de sous-louer
leurs étaux, restitueraient les sommes qu'ils en avaient retirées,
pour être employées à la reconstruction du pont Notre-Dame.

Les lettres du 14 décembre 1499 avaient ordonné qu'un Receveur serait commis pour encaisser et distribuer les deniers
consacrés à la grande opération dont il s'agit et ferait vérifier
ses écritures par la Chambre des Comptes. Ce Receveur fut établi, le 6 février suivant, dans la personne de Sébastien de la

Grange, auquel succéda Jehan Hesselin. On lui assigna 240 livres de traitement par an. Les registres sur lesquels ces deux agents avaient inscrit leurs recettes et leurs payements figuraient, au nombre de quatorze, dans un inventaire des archives de la Ville, dressé en 1652. Comme on ne les retrouve plus, on suppose qu'ils auront été détruits, ainsi que tant d'autres, à la Révolution, en sorte qu'on ne peut y recourir pour savoir quel a été le montant des dépenses.

Un des clercs attachés au cabinet du Procureur du Roi près du Châtelet, voulant, sans doute, conserver le souvenir de deux faits qui lui paraissaient intéressants, usa, à cette fin, d'un singulier moyen ; il prit un des registres de couleur où l'on insérait les actes de l'autorité souveraine, celui qu'on appelait le livre rouge neuf, et non le livre gris, comme l'a dit Sauval ; puis, sur le recto du feuillet adhérent à l'intérieur de la couverture, il consigna les deux notes suivantes que nous copions textuellement.

« Le pont Nostre-Dame tomba le xxvᵉ octobre mil iiij iiij xx xix, le jour sainct Crespin, environ neuf heures du matin, et la despence dudict pont, depuys led. jour jusqu'au moys de septembre mil cinq cens et douze, que led. pont et maisons furent entièrement parachevées, monte à la somme de deux cens cinq mil trois cens quatre vingtz livres quatre sols quatre deniers tournoys, comme par les comptes renduz en la Chambre des Comptes appert. »

« C'est la finance qui a esté trouvée par le Turcq, au grand Quaire, à la défecte du Soubzdan de Babilosne, depuis l'an mil cinq cens douze, la somme de six cens quarante ung millions sept cent cinquante huict mil neuf cens vingt livres, trouvez dedans sept cens quacques, plains de la d. finance. »

Le pont Notre-Dame aurait donc coûté, suivant notre observateur, 205,380 liv. 4 s. 4 d. Cette somme étant écrite en toutes lettres dans la note, on ne s'explique pas comment Sauval a pu lire 250,380 liv. 4 s. 4 d. et s'est ainsi trompé de 45,000 livres. Erreur considérable et qui, bien entendu, a été répétée par tous ceux qui, après lui, ont parlé de ce pont. Le même historien a prétendu avoir mis dans ses preuves un compte plus sûr et plus exact duquel il résulterait que la dépense aurait atteint 1,166,624 livres. *J'ajouterois*, disait-il, *plus de foy à ces deux supputations, si je les avois trouvées dans quelques registres de la Chambre des Comptes et si elles ne se contredisoient pas.* On voit qu'il doutait lui-même de l'authenticité du chiffre qu'il donnait. On sait qu'il mourut longtemps avant l'impression de son livre. Ou ses éditeurs n'ont pas trouvé, parmi les manuscrits qu'il a laissés, le document auquel il faisait allusion, ou, s'ils l'ont trouvé, ils n'ont pas jugé à propos de le produire, toujours est-il qu'il n'a pas été publié; on ne peut donc pas en discuter le mérite.

Cependant, quelques modernes ont adopté les deux évaluations et cherché à les concilier, malgré la grande différence qu'elles présentent. L'une, ont-ils dit, ne s'applique probablement qu'à la construction du pont, tandis que l'autre comprend, en outre, les maisons dont il était couvert. Dans cette hypothèse, et après la rectification de l'erreur que nous avons signalée, la partie de la dépense afférente à ces maisons aurait été de 961,244 livres, et, comme elles étaient au nombre de soixante-huit, le prix de chacune d'elles se serait élevé à plus de 14,000 livres, somme qui doit sembler exorbitante, si l'on considère qu'elles étaient très étroites, qu'elles n'avaient que deux étages au-dessus de la boutique avec un grenier dans le comble et qu'une chambre à chaque étage : d'ailleurs, lorsque la Ville se disposait à en vendre quelques-unes à réméré, pour

acquitter une dette envers Louis XII, elle ne leur attribuait pas une valeur supérieure à 500 livres; enfin, dans les
commencements, elle eut de la peine à les louer 28 livres.
Est-il vraisemblable qu'elle se serait contentée d'un si mince
revenu, si effectivement l'immeuble lui en avait coûté 14,000 ?
C'eût été dérisoire.

D'après ce qui précède, nous pensons que la dépense de
205,380 liv. 4 s. 4 d., représentant 1,123,430 francs de notre
monnaie actuelle, embrasse la totalité des ouvrages ; la teneur
de la note inscrite sur le registre du Châtelet le fait d'ailleurs
suffisamment entendre; mais, bien que l'auteur ait déclaré
que ce chiffre provenait de pièces officielles, nous ne pouvons
en affirmer l'exactitude, n'ayant aucun moyen de contrôler
son assertion.

§ VII

Après sa reconstruction, le pont Notre-Dame joua, pendant longtemps, un grand rôle dans les fêtes et cérémonies, tant civiles que religieuses, célébrées à Paris. Il était de tradition que les souverains fissent leur entrée par son aîné, le pont au Change ; mais, comme celui-ci, encore en bois, laissait toujours à désirer sous le rapport de la solidité, l'autre obtint la préférence, et, une fois en possession de ce privilège, le conserva sans interruption ; il se prêtait d'ailleurs mieux que le pont au Change aux décorations dont on ornait ordinairement le chemin que suivaient les cortèges.

C'est François Ier qui l'inaugura, en qualité de voie triomphale, le 15 février 1514 (vi. st.) en revenant de Reims, où il s'était fait sacrer, vingt jours auparavant. Il fut reçu à Paris, suivant Félibien, avec toutes les marques de joie et d'honneur auxquelles il pouvait s'attendre, et voulut passer sur le pont Notre-Dame, pour se rendre à l'église métropolitaine, parce que l'autre n'était pas trop sûr. Les grandes eaux et les glaçons l'avaient, en effet, mis en péril imminent.

Un auteur moderne a donc eu le tort de dire que l'inauguration n'eût lieu que le 16 mars 1530, à l'occasion de l'entrée d'Éléonore d'Autriche, seconde femme de François Ier, qui venait d'être couronnée à Saint-Denis. Voici d'ailleurs dans quels termes *le Cérémonial françois* a rendu compte de cette autre entrée :

« Aux deux bouts du pont Notre-Dame étoient deux portaux
à l'antique, sur lesquels étoient les armes et écussons du Roy et
de la Reine, conjoins d'une couronne ansée. Et tout le long
d'iceluy pont étoient rainceaux de verdure en façon de treille,
se conjoignans par bel artifice en culs-de-lampe, où étoient les
écussons du Roy, de la Reine, de Madame, mère du Roy, de
Messeigneurs les Dauphin, Duc d'Orléans et Duc d'Angoulesme.
Au long des maisons d'iceluy pont, tant d'un coté que d'autre,
étoient grosses médailles dorées en grand nombre, grandes
fleurs de lys dorées et les armes de la Ville, aussi en grand
nombre. Et devant la plupart des maisons du dit pont étoient
plusieurs belles jeunes filles de la dite Ville richement accoustrées. »

Les registres du Bureau de la Ville nous apprennent que le
Roi, par une singulière attention, avait ordonné lui-même
cette décoration et en avait envoyé les dessins.

Lors de la procession qui eut lieu le 21 janvier 1534, pour
effacer l'injure faite à Dieu par les doctrines de Calvin et les
affiches blasphématoires placardées, la nuit, à la porte de plusieurs églises, procession à laquelle assista François Iᵉʳ, « il y
avoit sur le pont Notre-Dame, portent lesdits registres, de fort
belles histoires, mesme l'histoire du Saint-Sacrement qui fut
percé d'un cagnivet par un juif... et prenoit le peuple grand
dévotion à la voir..... Il y avoit aussi un ciel de lierre à cande-
labres pendans, dessoubs lequel pendoient plusieurs chapp-
peaux de triumphes et escharpes dorées, dedans lesquels y avoit
beaux dictums et escripteaux à la louange de la foy et du Roy
très-chrétien. »

Quand la procession passa, on lâcha quantité de petits oiseaux
qui portaient des billets où étaient écrits ces mots tirés d'un

psaume de David : *Ipsi peribunt, tu autem permanebis* (1).

Le pont Notre-Dame fut encore richement décoré à la réception de Charles-Quint, le 1ᵉʳ janvier 1539.

Mais nos Édiles se surpassèrent, lors de l'entrée de Henri II, le 16 juin 1549. Un grand arc de triomphe, orné de sculptures, de peintures et de devises en langues grecque et latine, avait été élevé à chaque extrémité du pont. Au sommet du premier se trouvait personnifié le Roi sous la figure de Tiphis, patron du navire des Argonautes, revenant de la conquête de la Toison d'or : emblème de la victoire qu'on lui présageait de remporter lui aussi sur Charles-Quint, chef de l'ordre de cette Toison. Le second était consacré aux divinités habiles à tirer de l'arc, parmi lesquelles figuraient Phébus et Phébé, l'un d'or, l'autre d'argent, assis sur la corniche, où ils personnifiaient le Roi et sa favorite avouée. De distance en distance, étaient des sirènes en relief, levant leurs bras au-dessus de leurs têtes et tenant, dans chaque main, des festons de lierre dont les uns couraient le long des maisons et les autres passaient par-dessus le pont, avec des écussons où les devises du Roi et celles de sa Diane se trouvaient entrelacées. « Il y avoit, ajoute la narration, tant de monde sur le pont, aux fenestres et aux bouticques accoustrées d'eschaffaux tout exprez, que c'estoit une grande noblesse et par espécial des dames tant bien parées, que l'on eust plustost estimé estre aux champs des bienheureux que sur un passage terrestre fondé sur l'eau d'une rivière. »

Deux jours après ce fut le tour de la Reine. « Elle trouva, dit *le Cérémonial françois*, la porte Saint-Denis et le pont Notre-Dame en la même parure qu'ils étoient lors de l'entrée

(1) Lors de la fête consacrée à l'inauguration de la constitution de la République, le 10 août 1793, on lâcha aussi, sur la place de la Concorde, des oiseaux de toute espèce, portant à leur cou de minces banderoles tricolores où étaient écrits : *Nous sommes libres, imitez-nous.*

du Roy. » Nous pensons qu'elle ne dut pas voir, sans une se-
crète jalousie, quelques-unes des allusions qu'on avait prodi-
guées sur ce dernier.

La Ville ne déploya pas moins de zèle quand Charles IX
rentra à Paris, le 6 mars 1571, après son mariage avec Élisa-
beth d'Autriche. Deux arcs de triomphe, mais d'un autre style
que les précédents, furent également dressés sur le pont Notre-
Dame. Au couronnement de l'un étaient représentés Castor et
Pollux, veillant sur la nef de Paris. On y avait réuni plusieurs
emblèmes s'appliquant à la glorieuse régence de Catherine de
Médicis. Au sommet de l'autre, la Victoire placée à côté du dieu
Mars, vaincu et enchaîné, faisait entendre que la guerre civile
était heureusement terminée, par suite de l'édit de pacification
du mois d'août 1570. Plus loin, une peinture symbolisait la
ferme résolution du Roi de punir sévèrement quiconque con-
treviendrait à cet édit, promesses trompeuses et auxquelles la
nuit de la Saint-Barthélemy donna un cruel démenti. Les sirènes
appliquées sur les maisons avaient été remplacées par de jeunes
nymphes portant entre leurs bras des corbeilles pleines de
fruits ou de fleurs, de raisins ou d'épis. Au-dessus de ces statues, des guirlandes de lierre soutenaient les armoiries du Roi,
celles de ses frères, de la Reine-mère et de la Ville. Le plafond
était surtout d'une richesse extraordinaire. On trouve dans le
XVe volume du *Magasin pittoresque* une gravure qui donne
une idée assez exacte de cette brillante décoration.

Après avoir été couronnée à Saint-Denis, le 25 du même
mois, la Reine fit son entrée à Paris le 29. On mit alors ses
devises et armoiries à la place de celles du Roi, et l'un des arcs
fut surmonté d'un navire d'argent dont les voiles déployées
étaient enflées par le vent du Nord.

Le pont Notre-Dame revêtit de nouveau ses habits de fête

5

lorsque le duc d'Anjou, plus tard Henri III, quittant le siège de la Rochelle, vint recevoir à Paris, le 14 septembre 1573, la couronne royale que lui offraient les Polonais. Deux arcs y avaient encore été élevés. Le premier était consacré à la Reine-mère et à la Reine de France, symbolisées, l'une par une statue de Minerve, l'autre par une statue de Junon. Le second était dédié à Lutèce, représentée sous la figure d'une femme, revê-tue à l'antique, devant un autel où brûlait un feu ardent, té-moignage de son vif amour pour la religion et de sa grande affection pour la personne du Roi. Le tout était accompagné de plusieurs autres emblèmes et de nombreuses devises. De riches trophées ornaient les maisons, et le plafond était formé, comme à l'ordinaire, de festons de lierre où étaient attachées les ar-moiries du Roi de France et celles du Roi de Pologne.

Quelques auteurs prétendent que ce fut sur le pont Notre-Dame que le légat Gaëtan passa en revue, dans son carrosse, le 3 juin 1590, cette ridicule procession de la Ligue où plu-sieurs ordres religieux marchaient fièrement, le mousquet sur l'épaule, ayant un évêque pour commandant et deux curés pour sergents-majors. On sait que ces miliciens, peu exercés au maniement des armes, voulant saluer Son Éminence par une décharge générale, envoyèrent à l'aumônier assis près de lui une balle qui le tua roide, ce qui détermina le prélat à donner, en toute hâte, sa bénédiction et à partir au plus vite.

Lors des autres processions, la rue formée par les deux rangs de maisons du pont attirait surtout l'attention par le luxe de ses décorations. Le touriste anglais dont nous avons déjà parlé au paragraphe IV et qui assista à celles de la Fête-Dieu rapporte que dans les voies de quelque importance les maisons étaient recouvertes, de haut en bas, de riches draps d'Arras et des plus belles tapisseries qu'on eût pu se procurer, mais que la rue Notre-Dame surpassait de beaucoup toutes les autres par la pompe extravagante de ses étalages. Il ne faut pas oublier que ce langage était probablement celui d'un protestant.

Henri IV, craignant que l'expédition projetée contre les Espagnols et qu'il se proposait de commander en personne ne le tint longtemps éloigné de son royaume, avait résolu de confier, pendant son absence, la régence à Marie de Médicis. En conséquence, celle-ci avait été sacrée et couronnée à Saint-Denis, le 13 mai 1610. Comme son entrée solennelle, dans la capitale, avait été fixée au 16, la Ville lui préparait une brillante réception. « De tous les endroits de la France, disait un auteur, on s'étoit rendu à Paris pour voir la magnificence de cette journée ; il s'y trouva tant de peuple et de toutes qualités, que l'on ne pouvoit aller presque par les rues, principalement où la Reine devoit passer ; les uns regardoient tout le long de la rue Saint-Denis les arcs triomphaux, les autres les statues, les devises et les peintures ; d'autres, sur le pont Notre-Dame, ne pouvoient ôter leur vue de dessus les termes qui étoient le long de ce pont avec des paniers d'osier pleins de toutes sortes de fruits, et de voir attacher, au berceau de dessus, les armoiries, devises et chiffres de Leurs Majestés. »

Le crime odieux dont le Roi fut victime vint changer toutes ces dispositions.

En arrivant à Paris, le 23 décembre 1638, après la réduction de la Rochelle, Louis XIII alla directement à Notre-Dame entendre un *Te Deum* en signe de réjouissance. Comme il avait promis aux officiers municipaux qu'en sortant de l'église pour se rendre au Louvre il passerait sur le pont Notre-Dame, ceux-ci y avaient fait ériger un arc de triomphe consacré à la gloire éternelle du monarque. La cérémonie religieuse n'ayant fini qu'à la nuit close, un beau lustre en cristal éclaira tout le pont.

On n'eut plus à procéder à de pareilles fêtes jusqu'au 26 août 1660, où Louis XIV, qui venait d'épouser la fille du roi d'Espagne, Marie-Thérèse d'Autriche, entra avec elle à Paris, a dit le président Hénault, dans le plus grand appareil et avec la plus grande magnificence que l'on eût encore vue. Nos Édiles, voulant effacer l'impression fâcheuse qu'avaient pu laisser les troubles de la Fronde dans l'esprit du jeune monarque, ne se montrèrent pas moins empressés que leurs prédécesseurs l'avaient été, dans des circonstances semblables, et le pont Notre-Dame, qui venait d'être remis presque à neuf, reçut une superbe décoration. Une niche surmontée d'un dais sculpté fut pratiquée dans chacune des quatre maisons d'angle. On y plaça les statues, en pied, de saint Louis, Henri IV, Louis XIII et Louis XIV, revêtus du manteau royal. Sur les chaînes en pierre de taille qui séparaient les maisons étaient adossés de grands termes d'hommes et de femmes composés d'un demi-corps et d'une gaine à trois faces, peinte en marbre de différentes couleurs. Ces figures, ornées de festons, se tenaient par la main et portaient sur leurs têtes des corbeilles pleines de fleurs et de fruits. Dans les entre-deux pendaient des médaillons d'environ trois pieds de diamètre, relevés en couleur de bronze et contenant les portraits de tous les rois de France, avec leur nom, la date de leur avènement à la couronne, et une devise en latin, exprimant le trait caractéristique de chacun d'eux. Afin que la vue de tous ces riches préparatifs fût plus libre, on avait défait les enseignes et abattu les auvents. A l'entrée du pont était dressé un grand portique soutenu par deux colonnes surmontées des statues de l'Honneur et de la Fécondité. On y voyait un tableau où la Reine-mère, sous la figure de Junon, chargeait Mercure et Iris de porter les portraits du Roi et de l'Infante au dieu d'Hyménée. A leur aspect, celui-ci terrassait Mars, dont les armes étaient brisées et foulées aux pieds par deux Amours. Allusion à la paix des Pyrénées, que cette union venait de sceller.

Les habitants, la plupart peintres et miroitiers, étaient aussi dans l'usage d'illuminer somptueusement leurs façades, lors des réjouissances publiques. Ils se signalèrent principalement à la naissance du duc de Bourgogne, arrivée le 6 août 1682. Toutes les fenêtres, raconte *le Mercure galant*, étaient éclairées d'un nombre presque infini de lumières. Ce n'étaient partout que girandoles et plaques dorées. Les figures, dont le pont était resté orné et auxquelles on avait ajouté beaucoup de tableaux, se laissaient voir comme en plein jour. Des miroirs de toute sorte montaient jusqu'aux toits, d'où résultait que les lustres qu'on avait suspendus à la place des lanternes faisaient paraître les feux plus de cent fois répétés dans chaque boutique. La plus spacieuse d'entre elles, après avoir été élégamment parée, servit de salle de bal. On y dansa jusqu'à cinq heures du matin, au son des violons et des hautbois, et les liqueurs n'y furent pas épargnées.

Le même journal raconte également comment, en 1687, pour fêter le rétablissement de la santé du Roi qui vint dîner, le 30 janvier, à l'Hôtel de Ville, « ce pont, dont toutes les maisons avoient, dès le matin, été ornées de riches tapisseries, de tableaux, de lustres et de miroirs, reçut un nouvel éclat par celui des lumières ; ce qui étoit cause que, dans les autres quartiers de la Ville, on faisoit des parties de divertissement pour l'aller voir. »

Enfin, lorsque l'Infante d'Espagne, destinée en mariage à Louis XV, fit son entrée à Paris, le 2 mars 1722, un arc de triomphe fut encore élevé sur le pont Notre-Dame. On y avait représenté la Seine, entourée de Naïades, s'empressant d'of-

frir ses vœux et ses hommages à la jeune princesse. Au dessous était écrit :

Sequana, cum nymphis, votivas consecrat undas.

C'est, croyons-nous, la dernière cérémonie remarquable qui
ait motivé sa décoration.

Nous devons parler ici d'un usage qui paraît avoir été établi
par Henri II, et qui consistait à allouer une gratification, sous
forme d'indemnité, aux officiers municipaux, lorsqu'ils allaient
complimenter, avec pompe et grand appareil, quelque tête
couronnée, ou lorsqu'ils assistaient à quelque réjouissance
publique qui exigeait moins d'éclat. Dans le premier cas, cette
gratification prenait le nom de *Robes de velours* et était décer-
née par un brevet du Roi. Elle était censée représenter les frais
que leur avaient coûté leurs riches costumes et leurs somptueux
équipages. Dans le second, elle était le résultat d'une simple
décision municipale et s'appelait *une collation* ou *une demi-
collation*, parce que la cérémonie était ordinairement précédée
ou suivie d'un repas plus ou moins bien servi. Le montant en
était toujours imputé sur les fonds dont disposait la Ville. Les
Robes de velours constituaient un don qui s'élevait, dans les
derniers temps, à 6,000 livres. La part attribuée au Prévôt des
Marchands était de 1,200 livres ; celle de chaque Échevin, du
Procureur, de l'Avocat, du Greffier et du Receveur, de 600 livres. La *collation* se donnait pour un feu d'artifice ou un feu
de joie ; elle s'élevait à 2,900 livres et était ainsi répartie :
400 livres au Gouverneur de Paris, 400 au Prévôt, 300 au premier Échevin, 600 aux trois autres, 200 au Procureur,
100 à l'Avocat, 200 au Greffier, 200 au Receveur, 300 aux Conseillers et 200 aux Quartiniers. On ne délivrait pour un
Te Deum qu'une *demi-collation*, c'est-à-dire la somme de

1,450 livres, qui était distribuée suivant la même proportion.
Les menus officiers et les gens de service recevaient aussi une
légère rétribution.

Quelquefois l'allocation de *Robes de velours* n'était autre chose
que le témoignage d'un remercîment. La lettre suivante, écrite
de Fontainebleau au Prévôt des Marchands, le 17 octobre 1762,
par le Ministre de la maison du Roi, lettre qui, soit dit en passant, ne brille pas par son style, en fournit un exemple :

« Je vous donne avis avec beaucoup de plaisir, Monsieur,
que le Roi ayant dispensé le corps de la Ville de venir lui pré-
senter la délibération par laquelle il a offert un vaisseau à Sa
Majesté, elle a cependant bien voulu accorder au Bureau des
Robes de velours, de même que s'il étoit venu en corps présen-
ter cette délibération à Sa Majesté. Je profiterai toujours, avec
beaucoup de joie, des occasions de marquer à la Ville et à
vous en particulier, tous les sentimens avec lesquels je
suis, etc. St FLORENTIN. »

§ VIII ET DERNIER

Par suite de la sécheresse extraordinaire des années 1667, 1668 et 1669, les fontaines publiques de Paris, alors uniquement alimentées par des eaux de source, ne fonctionnèrent presque plus. Pour éviter que cet inconvénient ne se renouvelât, on en revint à la pensée qu'on avait déjà eue de recourir aux eaux de la Seine. A cet effet, la Ville loua, en 1670, deux moulins à blé, qu'elle acheta plus tard, et qui étaient situés, côte à côte, près et à l'aval du pont Notre-Dame. Le premier fut mis à la disposition de Daniel Jolly, Ingénieur du Roi, qui dirigeait la pompe de la Samaritaine. Jacques de Mance, gendre du célèbre Riquet, s'établit sur le second. Ces deux industriels s'engagèrent à élever, au moyen de pompes aspirantes et foulantes, l'un 30 à 40 pouces d'eau par 24 heures (et non par minute, comme le porte un ouvrage moderne), l'autre 50 pouces. Ces eaux étaient reçues dans des cuvettes situées dans une des maisons du pont et de là distribuées dans plusieurs quartiers. Quelques années après, le réservoir fut placé au dernier étage d'une tour carrée que l'on construisit sur pilotis, entre les deux machines, et à laquelle on accédait par le pont, à l'aide d'une passerelle couverte d'une toiture légère. L'entrée de cette passerelle était formée d'un portique d'ordre ionique dont Bullet avait donné le dessin. On y adapta ensuite un triton et une naïade sculptés par Jean Goujon et qui avaient servi de décoration au bâtiment de la poissonnerie du marché Neuf. Au-dessus du portique on mit un médaillon de Louis XIV avec les mots : *Ludovico magno*. Il surmontait une table de

marbre sur laquelle étaient gravés, en lettres d'or, ces vers
du poète Santeul :

Sequana cùm primum reginæ allabitur urbi,
Tardat præcipites ambitiosus aquas ;
Captus amore loci, cursum obliviscitur, anceps
Quô fluat, et dulces nectit in urbe moras.
Hinc varios implens fluctu subæunte canales,
Fons fieri gaudet, qui modò flumen erat.

Cette inscription était considérée comme très belle ; on en
fit, en conséquence, plusieurs traductions. L'historien Lemaire
en cite trois. La première était attribuée à Pierre Corneille ;
mais nous l'avons vainement cherchée parmi ses œuvres. La
voici :

Que le Dieu de la Seine a d'amour pour Paris !
Dès qu'il en peut baiser les rivages chéris,
De ses flots suspendus la descente plus douce
Laisse douter aux yeux s'il avance ou rebrousse.
Lui-même, à son canal, il dérobe ses eaux
Qu'il y fait rejaillir par de secrètes veines ;
Et le plaisir qu'il prend à voir des lieux si beaux,
De grand fleuve qu'il est le transforme en fontaines.

La seconde appartenait, dit-on, à Du Perier ; elle était ainsi
conçue :

Éprise des beautés d'un séjour si charmant,
Je coule bien plus lentement ;
Je m'arrête partout, et mon onde incertaine
Semble même oublier son cours :
Ainsi, ces longs canaux où je coule sans peine
Font qu'avec joie, après mille détours,
De fleuve que j'étois je me change en fontaine.

La troisième avait été composée par l'académicien Charpentier, dans les termes suivants :

Aussitôt que la Seine, en sa course tranquille,
Joint les superbes murs de la royale ville,
Pour ces lieux fortunés elle brûle d'amour,
Elle arrête ses flots, elle avance avec peine,
Et par mille canaux se transforme en fontaine,
Pour ne sortir jamais d'un si charmant séjour.

Le portique et les distiques de Santeul disparurent à la Révolution.

Par un décret du 25 juin 1806, la classe d'histoire et de littérature ancienne de l'Institut avait été chargée de désigner, parmi les inscriptions qui existaient autrefois sur plusieurs monuments de Paris, celles qu'il convenait de rétablir. Son secrétaire perpétuel, alors M. Dacier, fit connaitre au Préfet, le 17 décembre 1809, la décision prise à ce sujet. Il ajoutait que la plus belle, et qui mériterait presque qu'on élevât un monument exprès pour la placer, était celle des pompes Notre-Dame. N'était-ce pas pousser l'admiration un peu trop loin ?

On eut bien de la peine à maintenir en bon état des machines mises en mouvement par un courant variable et qu'un mécanisme assez imparfait exposait d'ailleurs à de fréquents accidents ; aussi ne tardèrent-elles pas à éprouver des chômages forcés et à fournir beaucoup moins d'eau qu'à l'origine.

De 1706 à 1707, sous la quatrième prévôté de Messire Charles Boucher, le célèbre Sualem Rennequin, inventeur de l'ancienne machine de Marly, y fit de grands changements et leur appliqua un nouveau système de pompes qui en augmenta le rendement. Le Bureau de la Ville décida que pour en perpétuer le souvenir il serait placé, sur leur entrée, une autre table de marbre portant :

Du règne de Louis XIV

Les batimens des pompes, pour élever l'eau qui se distribue à la plupart des fontaines publiques de cette Ville, ont été reconstruites de neuf, sur la rivière, en cet endroict, avec toutes les machines convenables, pour donner une plus grande abondance d'eau et un plus grand nombre de fontaines dans

*les quartiers les plus éloignez où les cytoyens en ont le
grand besoin.*

Nous ne voyons pas que ce projet ait été réalisé : aucun historien n'a, du moins, cité cette seconde inscription, qui, il
faut en convenir, ne faisait guère d'honneur à son auteur.

En 1737, Bélidor, à son tour, introduisit dans ces machines plusieurs autres améliorations. Elles firent encore l'objet
de nombreuses réparations en 1761. Néanmoins, elles conti-
nuèrent à se détériorer et finirent par ne rendre que peu de
services.

Les administrateurs du département déclaraient, en l'an v,
que, par suite de leur vétusté, elles ne se soutenaient que par
une espèce d'artifice et à force de soins et de dépenses.

Comme elles encombraient le lit de la rivière et qu'elles faisaient une triste figure à côté des belles constructions qui s'éle-
vaient sur les quais voisins, leur suppression fut décidée. Elle
eut lieu peu de temps après la reconstruction du pont. Les
matériaux dont elles étaient composées ont été adjugés au sieur
Guissez, moyennant la somme de 19,000 francs. Leur démolition et leur enlèvement étaient complètement terminés le
20 août 1858.

A la Révolution, le pont Notre-Dame prit le nom de pont
de la Raison et le porta pendant quelque temps. Son entretien, auquel jusqu'alors la Ville avait eu à pourvoir, passa,
avec celui des autres grands ponts de France, à la charge de
l'État. Nous n'avons rien de particulier à signaler au sujet de
cet entretien qui ne dut jamais coûter bien cher, attendu que,
suivant l'observation faite par l'ingénieur Gauthey, dans son
Traité des ponts, les ouvrages étaient bien conservés et que,
quoique la pierre de Paris ne soit pas généralement bonne, il

fallait qu'elle eût été bien choisie, car on y remarquait très peu de dégradations.

En 1838, un nommé Dez-Maurel y fit l'essai d'un système de pavage de son invention, consistant dans l'emploi de pavés factices composés de cailloux siliceux rejointoyés en bitume. La moitié de la longueur du pont lui fut livrée à cet effet. Mais l'expérience, pour laquelle on lui donna 10,000 fr., n'ayant pas justifié les heureux résultats que l'on s'était promis, il fallut, peu de temps après, remettre la chaussée en son premier état.

Par suite de changements successifs opérés dans le relief de la voie publique, les abords de cet édifice présentaient des pentes considérables dont l'adoucissement était réclamé, depuis longtemps, dans l'intérêt de la circulation. Cet inconvénient était devenu encore plus sensible depuis que la rue de Rivoli avait été prolongée jusqu'à l'Hôtel de Ville et que son raccordement, avec la rue Saint-Martin, avait forcé de descendre beaucoup le sol de cette dernière voie. Comme on reconnaissait que l'abaissement du pont était possible, eu égard à la grande hauteur existant entre le niveau des eaux et l'intrados des voûtes, que d'ailleurs les piles reposaient sur de solides pilotis et étaient défendues par de forts enrochements, on résolut de le reconstruire partiellement, en le tenant moins élevé et en conservant les anciennes fondations, dont les crèches seulement seraient réparées. Puisqu'il fallait le modifier, peut-être eût-il été préférable, pour faciliter l'écoulement des eaux et le mouvement de la navigation, de l'enlever tout à fait et de le remplacer par un autre auquel on n'aurait donné que trois arches, comme au pont au Change. Il n'en serait probablement résulté guère plus de frais.

Quoi qu'il en soit, un projet conçu dans le premier ordre d'idées fut approuvé par le Ministre des Travaux publics, le

28 avril 1853. Les arcs ont donc été démolis et les piles dérasées jusqu'à l'étiage. Les nouvelles ont reçu 3^{m}50 d'épaisseur
et ont été réunies entre elles par des voûtes elliptiques, au
nombre de cinq, ayant : celle du milieu, 18^{m}76 d'ouverture,
les deux latérales, 18^{m}20, et celles de rives, 17^{m}67. La largeur,
entre les parapets, qui d'abord devait être de 22^{m}00, a été réduite à 20^{m}00, afin de la faire coïncider avec celles des rues
Saint-Martin et Saint-Jacques; 12^{m}00 ont été attribués à la
chaussée et 4^{m}00 à chacun des trottoirs. Cette chaussée, au
milieu de la longueur du pont, a été établie à 2^{m}70 plus bas
que l'ancienne, en lui donnant de chaque côté des pentes lon-
gitudinales de 0^{m}005, se raccordant avec les quais par des
rampes ne dépassant pas un centimètre.

Les cagnards du quai de Gesvres devaient être conservés,
mais on les a supprimés, peu de temps après, lors de la reconstruction du pont au Change.

Le sieur Gariel s'est chargé de l'exécution des travaux,
moyennant un rabais de cinq pour cent sur les prix de l'esti-
mation, à la condition que, si la nouvelle chaussée était livrée
au public le 21 décembre 1853, condition qui a été remplie,
le rabais serait réduit de moitié. A cette occasion, cet entrepreneur, qui s'était déjà signalé dans d'autres circonstances semblables, a obtenu la décoration de la Légion d'honneur.

Presque tous les matériaux de démolition ayant été utilisés
dans les nouvelles constructions, la dépense ne s'est élevée qu'à
983,972 fr. 86, y compris celle du remaniement des quais.
L'État y a contribué pour 500,000 fr., la Ville a payé le surplus. Elle s'est, en outre, chargée d'acquitter les indemnités de
dommages qui pourraient être réclamées.

Une *Notice sur les ponts de Paris,* insérée, en 1864, dans le
recueil des Annales des Ponts et Chaussées, contient qu'à raison de l'activité imprimée aux travaux que nous venons de

décrire le cortège qui se rendait à Notre-Dame, le jour de la célébration du mariage de l'Empereur, a pu passer sur le nouveau pont. L'auteur avait, sans doute, oublié que ce mariage avait eu lieu civilement, le 29 janvier 1853, et qu'on avait procédé, dès le lendemain, à la cérémonie religieuse, c'est-à-dire trois mois avant que l'on commençât la démolition de l'ancien pont. C'est donc sur cet ancien pont et non sur le nouveau qu'est passé le cortège. On doit regretter que cette singulière inadvertance ait été reproduite, en 1873, dans *les Documents statistiques sur les routes et ponts*, publiés par l'Administration des Travaux publics et qui, dès lors, ont un caractère officiel. N'est-ce pas le cas de répéter avec le poëte, en récapitulant toutes les autres erreurs que nous avons relevées, dans le cours de cette notice :

Et voilà justement comme on écrit l'histoire?

PARIS, SOCIÉTÉ DES IMPRIMERIES RÉUNIES, D
Rue Jean-Jacques Rousseau, 58

LE PAVÉ DE

www.ingramcontent.com/pod-product-compliance
Lightning Source LLC
LaVergne TN
LVHW020952090426
835512LV00009B/1852